Ensemble à Lourdes

manuel des pèlerins

TARDY

Nihil obstat : Autun, le 6 août 1992
Georges AUDUC, *vicaire général*
Imprimatur : Autun, le 10 août 1992
Raymond SEGUY, évêque d'Autun, Chalon, Mâcon.

© A.E.L.F. Paris 1984, pour les textes liturgiques

© Éditions TARDY, Paris, 1992

TABLE DES MATIÈRES

En route vers Lourdes

p. 7

Nous sommes partis : pourquoi ? . . . . .   p. 8
Un pèlerinage . . . .   p. 9
Un pèlerinage à Lourdes . . . .   p. 10
Quelques conseils
pour un vrai pèlerinage . . . .   p. 11
Prières pour le voyage . . . .   p. 12
Prière de pèlerinage . . . .   p. 14
Pour méditer sur le sens
de notre pèlerinage . . . .   p. 15

A la découverte de Lourdes

p. 17

Bernadette et les apparitions . . . . .

p. 18

Que s'est-il passé
à Lourdes en 1858 . . . .   p. 19
Qui était Bernadette . . . .   p. 24
Le message de Lourdes . . . .   p. 28

4

Ce que l'on voit à Lourdes aujourd'hui .... p. 33

La grotte .... p. 35
La statue de Notre-Dame .... p. 37
La source et les piscines............ p. 39
Les cierges à la grotte .... p. 40
La procession aux flambeaux .... p. 41
Le domaine et les sanctuaires .... p. 43
La foule des pèlerins .... p. 45
Les groupes de réflexion .... p. 47
Les malades....................... p. 49
Les hospitaliers .... p. 51
Les miracles de Lourdes............. p. 52
Les commerçants................... p. 55

Sur les pas de Bernadette   p. 57

Les lieux où vécut Bernadette .... p. 58
La ville de Lourdes .... p. 60
L'alphabet du pèlerin............... p. 63

En prière à Lourdes   p. 75

Prière personnelle.................. p. 76

Textes bibliques
(voir table des textes, p. 253) .... p. 77
Prions avec les psaumes .... p. 84
Prières usuelles..................... p. 97
Prions avec Marie
à la lumière de l'Évangile .... p. 105
Avec Bernadette :
prenons notre chapelet .... p. 109
Prières .... p. 118

Célébrations   p. 124

Le chemin de croix.................. p. 125
Le sacrement de la Réconciliation ... p. 141

Liturgie de la messe .... p. 150
Messes .... p. 179
La procession du Saint Sacrement.... p. 190
L'onction des malades .... p. 195

Après Lourdes

p. 199

Une prière avant
de quitter la grotte .... p. 200
Rêverie dans le train du retour ...... p. 202

Chants

p. 205

Le peuple de Dieu se rassemble..... p. 206
Le peuple de Dieu
entend l'appel à la conversion ...... p. 218
Le peuple de Dieu
reconnaît la présence du Seigneur
sur le chemin des hommes.......... p. 223
Le peuple de Dieu
rend grâce par l'Eucharistie .... p. 231
Le peuple de Dieu
chante la Vierge Marie .... p. 242
Chants latins .... p. 251

Table des textes bibliques .... p. 253
Table des cantiques
par ordre alphabétique .... p. 254

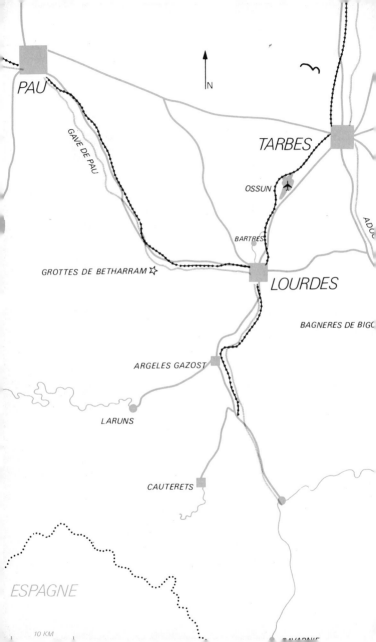

en route vers Lourdes

nous sommes partis...
pourquoi ?

un pèlerinage

un pèlerinage à Lourdes

quelques conseils
pour un vrai pèlerinage

prières pour le voyage

pour méditer
sur le sens
de notre pèlerinage

nous sommes partis...

Nous avons quitté pour plusieurs jours
notre maison, nos amis et les gens de notre quartier.

Nous avons cessé notre travail habituel
en prenant quelques jours sur nos congés.

Nous voici au milieu de nouveaux visages
et nous hésitons encore à engager la conversation.

Le programme annoncé des « célébrations », des « carrefours »...
que pouvons-nous attendre de tout cela?

Pour les personnes âgées, ce départ entraîne une fatigue et
un dérangement dans les habitudes, sans parler de la dépense.

Bref, pour nous tous ce départ représente un choix, une décision
et un effort.

... pourquoi ?

pour faire un beau voyage?

pour échapper à la monotonie ou à l'isolement?

pour savoir ce que c'est, Lourdes?

pour oublier un moment nos soucis?

Il y a peut-être un peu de tout cela,

mais il y a aussi autre chose.

un pèlerinage

Ce n'est pas un voyage comme les autres.

▶ *C'est un voyage vers un lieu saint.*

Des Musulmans économisent pendant des années pour aller en pèlerinage à La Mecque où Mahomet a rétabli le culte du Dieu Unique, celui d'Abraham. Des chrétiens font le long voyage de Terre Sainte pour voir les lieux dont parle la Bible et pour prier au pays de Jésus : à Bethléem, à Nazareth, à Jérusalem.

▶ *Un lieu où Dieu se fait plus proche.*

Si nous allons en pèlerinage à Jérusalem ou à Rome, ce n'est pas seulement à cause du passé, mais parce que cela nous concerne personnellement aujourd'hui. Il y a des lieux de grâce « où souffle l'Esprit », où Dieu se fait plus proche.

▶ *Avec d'autres pèlerins.*

On part rarement seul en pèlerinage et, une fois arrivé, on y retrouve d'autres pèlerins, venus d'un peu partout.

Cette rencontre est un encouragement mutuel. Nous sentons davantage que tous les hommes sont solidaires dans leur marche vers Dieu.

▶ *Pour une nouvelle conversion.*

Partir en pèlerinage, c'est répondre à un appel de Dieu.

Les gestes de piété ne suffisent pas. Il s'agit d'accueillir un message qui nous appelle à vivre davantage pour Dieu et à construire ensemble un monde plus conforme à son amour.

*faire un pèlerinage,
c'est marcher ensemble
vers Dieu*

un pèlerinage à Lourdes

Pourquoi sommes-nous attirés à Lourdes?

▶ *Un lieu de grâce...*

A la grotte de Massabielle, en 1858, la Vierge Marie est apparue à Bernadette Soubirous. Au bout de quelques semaines, les pèlerins se comptaient par milliers. Et dès 1862, les autorités de l'Église, après une enquête approfondie, ont donné leur approbation.

▶ *... Où Dieu se fait plus proche par Marie.*

Lourdes est un lieu où souffle l'Esprit. « La prière y est plus facile et plus confiante », disent les pèlerins. Dieu nous y manifeste sa bonté par la Vierge Marie, qui est « à la fois la plus proche de Dieu et la plus proche de nous ».

▶ *Avec une foule de pèlerins.*

On a appelé Lourdes la « cité de la rencontre ». Nous y sommes mêlés à une foule de toutes langues, de tous âges, de toutes situations sociales. Un climat d'échange, d'amitié et de prière commune s'y établit sans peine. Peu à peu les étrangers y sont reconnus comme des frères.

▶ *Appelés ensemble à la conversion.*

A Lourdes, un appel retentit : Prière! Pénitence! *C'est-à-dire changement de cœur et changement de vie. La prière vécue à Lourdes doit continuer ensuite. L'échange et l'amitié nous engagent à bâtir ensemble un monde réconcilié avec Dieu et plus accueillant pour tous les hommes. Lourdes est une « terre d'Évangile ».*

*à l'appel de Marie,
nous marchons vers Dieu
en Église.*

Quelques conseils pour un vrai pèlerinage

Soyons attentifs et accueillants

« Celui qui n'aime pas son frère qu'il voit ne saurait aimer Dieu qu'il ne voit pas. » (1re épître de Jean 4, 20).

Qui sont nos compagnons de pèlerinage ? D'où viennent-ils ? Comment les aider ? Bien entendu, restons discrets. Mais demandons-nous quand même si notre voisin ne serait pas heureux de parler amicalement, de partager ses soucis et ses intentions de prière. Souvent, un sourire suffit pour amorcer le dialogue.

Soyons aimables en toutes circonstances avec les employés des transports, des magasins, des hôtels.

Acceptons une certaine « pénitence »

Acceptons de bon cœur les petits inconvénients du voyage. Acceptons une certaine bousculade, le bruit, des habitudes de vie, d'expression, de prière, qui ne sont pas les nôtres.

Ne traînons pas inutilement en ville ou devant la télévision.

Facilitons le silence et la prière

« Marie retenait toutes ces choses et les méditait dans son cœur. » (Luc 2, 19).

Dans les cérémonies communes, chantons tous ensemble de bon cœur... Mais sachons aussi respecter le silence et la prière auprès de la grotte, des fontaines et des piscines, et dans les églises.

Même quand il y a foule à Lourdes, on peut se recueillir à la crypte de la basilique supérieure, au bord du Gave après les piscines, ou sur la prairie en face de la grotte.

Continuons notre pèlerinage après Lourdes

Notre pèlerinage est une nouvelle étape dans notre marche vers Dieu. Qu'est-ce que le pèlerinage de cette année aura apporté de neuf et de durable dans notre vie ?

Prières pour le voyage

Chants

Nous marchons vers toi : (Itinéraire marial) : page 246.
En marchant vers toi, Seigneur : page 208.

Psaume

Quelle joie lorsqu'on m'a dit...

*Voici la belle prière des pèlerins de Jérusalem - le psaume 121 -
que Jésus lui-même a chanté en marchant vers la Ville Sainte.*

R **J'étais dans la joie, alleluia!**
   Quand je suis parti vers la maison du Seigneur;
ou bien
   Dans la joie nous marchons vers toi, Seigneur;
   Dans la joie nous marchons vers toi.

Quelle joie quand on m'a dit :
« Nous irons à la maison du Seigneur! »
Maintenant notre marche prend fin
devant tes portes, Jérusalem!

Jérusalem, te voici dans tes murs :
ville où tout ensemble ne fait qu'un!
C'est là que montent les tribus,
les tribus du Seigneur,

A cause de mes frères et de mes proches,
je dirai : « Paix sur toi! »
A cause de la maison du Seigneur notre Dieu,
je désire ton bien.

Prions ensemble

Seigneur notre Dieu,
tu nous as envoyé ton Fils Jésus Christ
pour nous conduire vers la Cité sainte, ta Maison,
où nous serons rassemblés dans l'unité de ton Esprit.
Guide-nous par les bons sentiers de la foi et de la charité
et fais que tous les peuples se retrouvent pour te célébrer
dans l'abondance de ta paix et la plénitude de ton bonheur.
Par le Christ, notre Seigneur...

Cantique de Zacharie

(Luc, 1, 68-79).

Béni soit le Seigneur, le Dieu d'Israël,
qui visite et rachète son peuple.

Il a fait surgir la force qui nous sauve
dans la maison de David, son serviteur,

comme il l'avait dit par la bouche des saints,
par ses prophètes, depuis les temps anciens :

salut qui nous arrache à l'ennemi,
à la main de tous nos oppresseurs,

amour qu'il montre envers nos pères,
mémoire de son alliance sainte,

serment juré à notre père Abraham
de nous rendre sans crainte,

afin que, délivrés de la main des ennemis, +
nous le servions dans la justice et la sainteté,
en sa présence, tout au long de nos jours.

Et toi, petit enfant, tu seras appelé
prophète du Très-Haut :
tu marcheras devant, à la face du Seigneur,
et tu prépareras ses chemins.

pour donner à son peuple de connaître le salut
par la rémission de ses péchés,

grâce à la tendresse, à l'amour de notre Dieu,
quand nous visite l'astre d'en haut,

pour illuminer ceux qui habitent les ténèbres
et l'ombre de la mort,
pour conduire nos pas
au chemin de la paix.

Prions ensemble

Dieu de grande bonté,
libère notre route de tous les obstacles
qui entravent notre marche à la rencontre de ton Fils.

Que notre pèlerinage nous prépare à l'accueillir
avec un cœur et un esprit renouvelés,
pour nous faire entrer dans sa vie.

Lui qui règne avec toi et le Saint-Esprit...

croix. Alors j'ai essayé une seconde fois de le faire et je pus. Aussitôt que j'eus fait le signe de croix, le grand saisissement que j'éprouvais disparut. Je me mis à genoux. J'ai passé mon chapelet en présence de cette belle dame. La vision faisait courir les grains du sien mais elle ne remuait pas les lèvres. Quand j'eus fini mon chapelet, elle disparut tout d'un coup. »

2ᵉ apparition
14 février 1858

Le sourire de l'Apparition.

« La seconde fois, c'était le dimanche suivant j'y revins avec plusieurs petites pour voir si je ne m'étais pas trompée. Arrivée à la grotte, je me mis à genoux et commençai le chapelet, après en avoir dit une dizaine, j'aperçus la même dame. J'avais emporté une petite bouteille d'eau bénite, alors je me mis à lui jeter de l'eau bénite tout en lui disant, si elle venait de la part de Dieu, de rester, sinon de s'en aller, et plus je lui en jetais, plus elle souriait... »

3ᵉ apparition
18 février 1858

Les premières paroles, la promesse de bonheur.

« Elle ne me parla que la troisième fois. »

Le Carême a commencé la veille. On est le jeudi 18 février.

Bernadette est accompagnée cette fois de grandes personnes, madame Milhet et Antoinette Peyret; munie, sur leur conseil, d'encre et de papier...

« Arrivée là, je commençai à dire le chapelet, après avoir récité la première dizaine, je vis la même dame. Je lui demandai que si elle avait quelque chose à me dire d'avoir la bonté de me le mettre par écrit. Alors, elle me sourit et me dit que ce qu'elle avait à me dire n'était pas nécessaire de le mettre par écrit, mais si je voulais avoir la grâce d'y aller pendant quinze jours.

Je lui répondis que oui. Elle m'a dit aussi qu'elle ne me promettait pas de me faire heureuse en ce monde mais en l'autre. »

Les douze apparitions
de la quinzaine

« J'y revins pendant quinze jours. La vision parut tous les jours à l'exception d'un lundi et d'un vendredi » (les 22 et 26 février 1858).

Les 4ᵉ, 5ᵉ, 6ᵉ et 7ᵉ apparitions ont donc lieu les 19, 20, 21 et 23 février. Elles se déroulent dans la prière et le silence. On compte déjà 250 personnes devant la grotte, le dernier de ces jours.

8ᵉ apparition
24 février 1858

Conversion et pénitence

L'Apparition, le mercredi 24 février, donne à Bernadette cette consigne qu'elle répétera plusieurs jours de suite :
«Priez Dieu pour la conversion des pécheurs. »
Elle lui demande « ... si ça l'ennuierait de monter à genoux et de baiser la terre en pénitence pour les pécheurs ».
Elle prononce pour la première fois le mot de «pénitence ».

9ᵉ apparition
25 février 1858

La découverte de la source.

Elle le répète à trois reprises le lendemain jeudi 25 février. Elle ordonne à Bernadette «d'aller manger de cette herbe qui est là et d'aller boire à la source et de s'y laver ».

« Ne voyant pas de fontaine (= source), je me dirigeai vers le gave, mais Elle me dit que ce n'était pas là et Elle me fit en même temps signe, avec le doigt, d'aller sous le rocher. J'y fus. A peine si j'y trouvai un peu d'eau, comme si c'était de la boue et à peine si je pouvais en prendre. Je me mis à gratter. Après je pus en prendre, mais trois fois je la jetai et ce ne fut qu'à la quatrième que je pus en boire, tellement l'eau était sale. »

A la grande déception de Bernadette, la Dame n'est pas au rendez-vous, le 26 février, mais elle se montre à l'enfant le 27 et le 28 février, ainsi que le 1er mars (**10e, 11e et 12e apparitions**). Devant une foule de plus en plus nombreuse et qui, le dernier jour, dépasse le millier, Bernadette exécute sans se soucier de l'entourage les exercices de pénitence demandés par l'Apparition.

13e apparition
2 mars 1858

La procession et la chapelle.

Le mardi 2 mars, Bernadette se voit confier une double mission : «Allez dire aux prêtres qu'on vienne ici en procession et qu'on y bâtisse une chapelle.»

« Dans l'espace de ces quinze jours, ajoute Bernadette, Elle me donna trois secrets qu'elle me défendit de dire à personne. »

Le 3 mars au matin, pas d'apparition. Bernadette se sent pressée de retourner à la grotte en fin d'après-midi. Elle a cette fois le bonheur de contempler la Dame qui lui renouvelle l'ordre de la veille (**14e apparition**). Mais le curé-doyen de Lourdes, l'abbé Peyramale demande un signe : « Si elle veut la chapelle, qu'elle dise son nom et fasse fleurir le rosier de la grotte! »

Le lendemain, dernier jour de la quinzaine, c'est grand marché à Lourdes. Il y a plus de 7 000 personnes devant la grotte pour la **15e apparition**, mais Bernadette ignore toujours le nom de celle qui lui apparaît. Chaque fois qu'elle le lui demande, elle n'obtient pour toute réponse qu'un sourire.

16e apparition
25 mars 1858

« Je suis l'Immaculée Conception »

Ce n'est que trois semaines après la fin de la quinzaine, jour pour jour, le jeudi 25 mars, jeudi avant les Rameaux, en la fête de l'Annonciation, qu'à force d'insister elle obtient la réponse :

« Je lui demandai de nouveau trois fois de suite; elle souriait toujours. Enfin, je me hasardai une quatrième fois et ce fut alors qu'Elle me dit en joignant les mains à la hauteur de la poitrine qu'Elle était l'Immaculée Conception, « Que soy era immaculada counceptiou. »

17ᵉ apparition
7 avril 1858

La flamme du cierge.

Le 7 avril, mercredi de Pâques au cours de l'apparition qui dura près d'une heure, en présence de plusieurs centaines de personnes, la flamme de son cierge lui lèche les mains pendant plusieurs minutes sans laisser la plus légère trace de brûlure.

18ᵉ apparition
16 juillet 1858

L'adieu silencieux de Notre-Dame.

Le soir du vendredi 16 juillet, fête de N.-D. du Mont-Carmel, la Vierge apparaît à Bernadette par-delà le Gave, au-dessus des barrières qui ferment au public l'accès de la grotte, plus belle et plus radieuse que jamais. Ce sera la dernière fois.

« Elle m'apparut au lieu ordinaire sans rien me dire... Je ne l'avais jamais vue aussi belle. »

Pour en savoir plus long sur l'histoire des apparitions

René Laurentin **Bernadette raconte**, P. Lethielleux, Paris.

René Laurentin **Récit authentique des apparitions**, Lethielleux, Paris, Œuvre de la Grotte, Lourdes.

et les séries **Lourdes, Documents authentiques,** 7 volumes et **Lourdes, Histoire authentique,** 6 volumes, (même auteur, même éditeur).

J. B. Estrade **Les Apparitions de Lourdes.** Souvenirs intimes d'un témoin, Œuvre de la Grotte.

qui était Bernadette ?

« Je ne suis pas chargée de vous le faire croire, je suis chargée de vous le dire. »

« La Sainte Vierge m'a choisie parce que j'étais la plus pauvre. »

« La plus pauvre ».

Bernadette était née le 7 janvier 1844 à Lourdes, de François Soubirous et de Louise Casterot. Elle fut baptisée deux jours plus tard sous le nom de Marie-Bernarde. A sa naissance, ses parents étaient meuniers au moulin de Boly (maison natale de Bernadette); ils jouissaient d'une certaine aisance. Sa mère, victime d'un accident, la met en nourrice au village voisin de Bartrès. Bernadette y reste seize mois environ. Plus tard, elle aimera à revenir de temps en temps à la maison Burg où Marie Aravant-Lagüe la traitait un peu comme sa propre fille.

Mais le malheur et la misère ne tardent pas à fondre sur la famille Soubirous; mort en bas âge de deux frères de Bernadette, en 1845 et en 1851; vente du moulin (dont ils se croyaient propriétaires) en 1852; expulsion en 1854. Les Soubirous émigrent alors à la Maison Laborde (actuelle rue Bernadette-Soubirous) où leur naît, en 1855, un autre fils Justin (qui mourra en 1865, avant même d'avoir atteint l'âge de 10 ans).

1855, en septembre-octobre, c'est à Lourdes, l'année du choléra. Bernadette, délicate de santé depuis l'âge de six ans, est atteinte par l'épidémie. Elle en réchappe, mais elle en gardera, toute sa vie durant, les séquelles : asthme et tuberculose.

A cette date, les affaires de François Soubirous périclitent de plus en plus et la famille déchoit de logis en logis : au moulin Sarrabey-rouse à Arcizac-ès-Angles; à Lourdes, dans un misérable réduit à l'actuel n° 14 de la rue du Bourg, puis au « cachot », l'ancienne prison de la ville, rue des Petits Fossés.

Nouveau malheur en mars 1857. Un sac de farine a été volé chez l'ancien patron de son père. François Soubirous, en chômage, est incarcéré pendant huit jours, sans autre motif que sa pauvreté.

A la veille des apparitions.

A ce moment, Bernadette a dépassé ses treize ans. Elle ne sait ni lire, ni écrire : son état de santé, l'obligation où elle est, sa mère souvent absente pour les ménages, de garder son petit frère l'ont empêchée d'aller à l'école et même au catéchisme. Or, elle devrait normalement faire sa première communion.

En septembre 1857, elle pense pouvoir enfin s'y préparer en acceptant d'aller à Bartrès chez sa mère-nourrice, qui a besoin d'elle aussi pour garder les moutons. Mais outre que cette charge lui laisse peu de temps pour fréquenter l'école ou même le catéchisme de l'abbé Ader, le départ de ce dernier en janvier 1858, la décide à rentrer à Lourdes, malgré le froid, la faim et la misère qui l'attendent au « cachot ». Là du moins, pourra-t-elle fréquenter l'école gratuite des Sœurs de Nevers et se préparer au grand jour de sa première communion.

A la recherche de sa vocation.

Les apparitions terminées et quand la grotte fut débarrassée de ses barrières, elle fut la première à venir prier à la grotte, comme chacun d'entre nous « pour les pauvres pécheurs ».

Souvent malade, Bernadette accueille les premiers pèlerins qui viennent lui rendre visite aux moulins successifs de ses parents. Elle refuse farouchement toute aumône, tout cadeau : « J'aime mieux rester pauvre », dira-t-elle fièrement. En mars 1860, elle devient « petite bonne d'enfants » à la journée chez la femme d'un officier de Visens. Le 15 juillet, elle entre comme pensionnaire à l'Hospice-école de Lourdes; elle continue d'y apprendre à lire, à écrire, à coudre et à broder et cela dure près de six ans.

Depuis les apparitions, elle songe à se faire religieuse. D'instinct, elle s'orienterait vers le Carmel, les Bernardines d'Anglet (Basses-Pyrénées), ou les Trappistines, mais sa santé lui interdit même d'y penser; elle n'a pas de dot, elle se dit « bonne à rien ».

« Je dois me faire religieuse, mais la sainte Vierge ne m'a pas dit dans quelle congrégation. »

Elle en est en septembre 1863 lorsque passe à Lourdes l'évêque de Nevers, Mgr Forcade. Il lui propose de l'admettre sans dot, chez les Sœurs de Nevers. Bernadette y réfléchira pendant plus de six mois. Malade, elle ne peut assister à la première grande procession de Lourdes au cours de laquelle Mgr Laurence doit bénir solennellement la statue de la grotte. C'est ce jour-là, 4 avril 1864, qu'elle demande à la supérieure de l'hospice son admission dans la Congrégation des Sœurs de Nevers. Elle doit attendre que sa santé, très ébranlée en 1864, se rétablisse suffisamment. On veut aussi qu'elle assiste à l'inauguration de la crypte le 19 mai 1866 et à la première messe à la grotte, le 21 mai. Elle y sera, participant à la procession, cachée dans son capulet blanc.

Le 3 juillet, c'est la veille du départ, sa dernière visite à la grotte. La supérieure qui l'accompagne lui fait signe qu'il faut s'en aller.

« Laissez-moi encore un moment, implore-t-elle, c'est la dernière fois. » Elle baise longuement le rocher, ne pouvant retenir ses larmes. « La grotte, c'était mon ciel, explique-t-elle, je ne la reverrai plus. »

Le lendemain, elle prend le train pour Nevers, où elle arrive le samedi 7 juillet vers dix heures du soir. Le dimanche après-midi, la supérieure générale lui demande de faire devant la Communauté de Saint-Gildard (la maison-mère des Sœurs de Nevers) le récit des apparitions. Elle le fait, avec une grande simplicité. Le 19 juillet, au cours de sa prise de voile, on lui donne pour nom de religieuse celui de son baptême : elle sera désormais pour tous et pour toutes Sœur Marie-Bernard.

Religieuse de Nevers.

« Je suis venue ici pour me cacher. »

Cette parole, que l'on peut dater de son entrée au noviciat, traduit une de ses aspirations profondes. Elle a nettement conscience qu'elle a pour mission de vivre à Nevers les différents points du message que la Vierge Immaculée lui a confié : prier, faire pénitence, se mortifier, souffrir pour les pécheurs... heureuse, malgré tout, de ce bonheur que Notre-Dame lui avait promis et qui déjà n'était pas de « ce monde »; « plus heureuse, écrivait-elle, sur mon lit de douleur, avec mon crucifix qu'une reine sur son trône. »

Elle prononce ses vœux une première fois, à l'article de la mort, le 25 octobre 1866, puis le 30 octobre 1867.

Bernadette, infirmière et malade.

On l'emploie à l'infirmerie de la maison-mère jusqu'en 1873. Tant qu'elle aura la santé, elle se montrera une infirmière merveilleuse. Elle répand autour d'elle l'ordre et la joie, luttant pied à pied contre la vivacité de son caractère.

« Demandez ma conversion au bon Dieu et à la sainte Vierge », écrit-elle le 6 avril 1869. On me reproche de tenir trop à ma volonté; je m'entends appeler très souvent « volontaire ». Cela me fait honte et néanmoins, je ne me corrige pas.

Elle s'achemine ainsi vers la sainteté. Le secret de cette sainteté, c'est un grand amour : « L'amour généreux de notre Seigneur sera le couteau pour couper et faire disparaître l'arbre de l'orgueil et ses mauvaises racines. »

Elle aime à redire après saint Augustin, cette phrase dont le rythme l'enchante : « **Quand on aime, on n'a pas de peine, ou bien sa peine, on l'aime.** » Ou encore : « **Obéir, c'est aimer. Tout souffrir, en silence pour plaire à Jésus, c'est aimer.** »

En 1874, on lui confie la sacristie. Pas pour longtemps : à partir de 1875, elle séjourne à l'infirmerie comme grande malade. C'est sa « **pénitence pour les pécheurs** ».

Elle prononce ses vœux perpétuels le 22 septembre 1878, mais c'est pour s'aliter définitivement dans sa « chapelle blanche ». Le 11 décembre, crise d'asthme, crachements de sang, tumeur au genou droit.

La mort.

Le mercredi de Pâques, 16 avril 1879, elle est à toute extrémité, mais ses dernières paroles restent des prières : « **Mon Dieu ! Mon Dieu ! Sainte Marie, Mère de Dieu, priez pour moi, pauvre péche-resse !** »
Elle n'a de regards que pour le crucifix et la statue de Notre-Dame de Lourdes :

« **Je L'ai vue... Oh ! qu'Elle était belle !... Que j'ai hâte d'aller la revoir.** »

Elle dit aussi : « **J'ai soif...** »

Avant d'accepter le verre qu'on lui tend, elle fait, encore une fois, son beau signe de croix, mais elle défaille...
Elle avait trente-cinq ans...

Le message de Lourdes et l'Évangile

Le Message de Lourdes se dégage des faits, gestes et paroles qui ont marqué les Apparitions. Bernadette n'a pas inventé un Message d'une telle profondeur, qui tire sa force de sa cohérence avec l'Évangile. Il se résume en quatre mots, qui évoquent l'annonce même et le déroulement du Message évangélique :
Pauvreté, Prière, Pénitence, Construction de l'Église. Ce sont les étapes du chemin du pèlerin.

De la pauvreté subie à la PAUVRETÉ choisie et aimée.

Le choix de Bernadette Soubirous, dans la misère du Cachot, dans la situation de détresse, face à la « *tute aux cochons* », comme on appelait la Grotte, n'est pas fortuit. Il est rappel des choix de Dieu, « *Lui qui, de riche qu'il était, s'est fait pauvre* » (2 Co 8, 9), et est venu en Jésus, pauvre parmi les pauvres (grotte de Nazareth, de Bethléem, et la suite...). « *Ce qui est pauvre, ce qui est petit, voilà ce que Dieu choisit* » (1 Co 1, 27). « *Bienheureux les pauvres...* » (Mt 5, 3-12). Et Bernadette, en écho, dit : « *Je veux rester pauvre* ».

Message combien actuel pour notre civilisation de gaspillage et finalement d'injustice et de danger, appel à la vie simple, l'attention aux pauvres, aux malades, aux handicapés, aux marginalisés, sens et réalité du partage, engagement pour la justice, la paix, etc... La visite du Cachot est une démarche à faire.

Des prières à la PRIÈRE.

Bernadette, à travers les dévotions populaires (chapelet, cierge...) a découvert dans la joie radieuse des sept premières apparitions, une Prière *cœur à cœur*, toute de silence et de dialogue.

Jésus qui avait amené ses disciples sur le Tabor, où *il faisait si bon* (Lc 9, 33) dit : « *Quand vous priez, ne rabâchez pas comme les païens* » (Mt 6, 7). Il envoie l'Esprit qui murmure en nous : « *Abba, Père !* », car « *nous ne savons pas prier* » (Ga 4, 6).

« *Je ne vous promets pas le bonheur de ce monde, mais de l'autre* », dit la Dame. Cet *autre monde* n'est pas une évasion, ou seulement un espoir pour après la vie. Il est *présence* capable d'éclairer ce monde ici et maintenant.

« Voulez-vous me faire la grâce de venir... ». En réponse à cette invitation, le pèlerin, venu de *ce monde,* qui étouffe de matérialisme, réapprend à prier. La prière personnelle, intime, silencieuse, retrouve sa place, ainsi que la prière fraternelle, communautaire, liturgique avec l'Église. Lieux et heures de recueillement et de célébrations festives rythment le pèlerinage.

Des pénitences à la PÉNITENCE-CONVERSION-COMPASSION

A la huitième apparition, Bernadette pleure *parce que la Dame était triste* en demandant de *prier pour les pécheurs.* A la neuvième, la voyante surprend et choque la foule. Elle baise la terre, marche à genoux, fouille la boue nauséabonde de la *tute aux cochons.* Elle barbouille son visage, mâche de l'herbe, se montre défigurée à la foule. Elle est giflée, traitée de *merdeuse,* amenée devant le Procureur. Elle nous ramène à l'Évangile, où il est dit que Jésus est conduit à *son Heure,* celle de la Passion. Il est insulté, maltraité, calomnié, défiguré, condamné, cloué à la Croix, où *« de son côté ouvert, il laisse couler le sang et l'eau »* (Jn 19, 34). Bernadette explique que c'est *pour les pécheurs* que la Dame lui a demandé ces gestes et *« d'aller boire à la source et se laver »*.

Par ces gestes, où Bernadette découvre la source de Massabielle, nous est indiqué le sens de l'Eau de Lourdes. Non pas *eau miraculeuse* pour ablutions à effet magique, mais rencontre du vrai pénitent, Jésus, l'*« Agneau de Dieu qui a pris sur lui le péché du monde ».* *« En face de la Croix, le péché prend tout son sens »* (Jean-Paul II). Plus que le manquement à un code moral et religieux, le péché est refus et destruction égoïste du plan d'amour de Dieu sur son enfant chéri, l'Homme.

Dans un monde qui tend à nier le péché (Ro 1, 32), à tout *déculpabiliser,* la pénitence n'est pas auto-punition, performance ascétique, rite expiatoire, mais d'abord retournement vers le Dieu *d'Amour et de Tendresse,* qui attend le fils prodigue (Lc 15, 11).

La place donnée au Chemin de la Croix, à la Confession, au Sacrement de la Réconciliation, souligne l'importance donnée à la conversion par la neuvième apparition, au centre du Message de Lourdes. Pour être vraie, cette conversion doit éviter le piège de la purification individualiste, en prenant à cœur, comme Bernadette, la demande de Marie : entrer en compassion, prier pour les pécheurs, nos frères.

De la chapelle à construire à l'ÉGLISE A FAIRE.

A la treizième apparition, Bernadette, laïque, fille, pauvre, est envoyée à l'Église-Institution. *« Allez dire aux Prêtres de bâtir ici une chapelle et qu'on y vienne en pèlerinage ».* La Chapelle demandée, loin de l'église paroissiale, sera un appel à sortir pour retrouver, comme Abraham, la vraie mentalité des croyants qui «*n'ont pas ici-bas de demeure permanente*» (He 13, 14). Le pèlerinage (sens précis du mot *procession* dans le patois de Lourdes) n'a pas pour but de satisfaire un *besoin religieux,* mais de découvrir que le chrétien est membre d'un Peuple de Dieu en marche, portant sa lumière au milieu des Nations (cf. *Lumen Gentium*).

Le pèlerinage nous interroge sur notre sens de l'Église et notre engagement avec elle : nous ne pouvons rester spectateurs curieux, critiques ou timorés, encore moins *consommateurs.* Dieu nous attend dans notre famille, notre voisinage, notre profession, notre paroisse, notre milieu, tel mouvement... L'après-Lourdes sera le test de la vérité de notre pèlerinage. A nous aussi est adressée la parole : «*Allez dire...* ».

Le 25 mars 1858, à la seizième apparition, la Dame dit son nom à Bernadette : «Je suis l'Immaculée Conception. » Marie est la Femme par laquelle Dieu a recommencé la malheureuse histoire humaine. Elle est la *nouvelle Ève,* mère du *Nouvel Adam,* Jésus-Christ, et de tous ses frères que nous sommes. Elle est la Mère de l'Église et notre Mère.

Tel est le Message de Lourdes, joyeux, réaliste, dynamique. Il ne contient ni prévisions, ni menaces, ni reproches. Il nous renvoie simplement à l'Évangile, où la «*Femme bénie entre toutes les femmes*» nous dit, comme à Cana : «*Faites tout ce qu'il vous dira*» (Jn 2, 5).

Le message de Lourdes et l'Église

C'est à la suite de sainte Bernadette et à son exemple que bien-portants et malades *viennent* en pèlerinage à la grotte de Massabielle, *prient,* se mettent à genoux, baisent la terre ou le rocher, récitent leur chapelet, vont *boire et se laver* aux fontaines, se baignent aux piscines et répondent à l'appel de l'Immaculée à la *conversion* intérieure. C'est à la suite de Bernadette et à travers la vérité de Bernadette qu'ils peuvent comprendre le sens et la réalité de la *prière* et de la *pénitence* dans la pauvreté, l'humilité, la petitesse et la souffrance, et aussi la joie d'une vie donnée.

Mais ce n'est plus de la bouche de Bernadette que les pèlerins viennent entendre le message de Notre-Dame; c'est de l'Église elle-même qu'ils le reçoivent.

Le jugement de l'Église sur Lourdes

Le 18 janvier 1862, l'évêque de Tarbes proclamait : « *Nous jugeons que l'Immaculée Marie Mère de Dieu a réellement apparu à Bernadette Soubirous..., que cette apparition revêt tous les caractères de la vérité et que les fidèles sont fondés à la croire certaine.* » L'enquête avait duré plus de quatre années.

Lorsque l'Église reconnaît une apparition, elle le fait en toute fidélité à sa mission d'annoncer la parole de Dieu et à sa charge de discernements des esprits :

— le message proposé doit être *cohérent* avec la Révélation dont l'Église a le dépôt ;

— il doit être *transparent* à l'Évangile : loin de se centrer sur lui-même ou sur des pratiques marginales, il doit contribuer à mener au Christ Jésus et à prendre un engagement au service de ses frères ;

— le témoin doit être véridique, non suspect d'exaltation ou de mensonge ;

— on doit pouvoir reconnaître le message à ses fruits : conversion, sainteté, plus grande fidélité à l'Église, unité ;

— les guérisons ne viennent qu'à titre complémentaire, et leur caractère miraculeux doit être examiné avec toutes les garanties nécessaires.

Ce n'est pas l'apparition qui *prouve* l'Église, c'est l'Église qui reconnaît et authentifie l'apparition. *Allez dire aux prêtres...,* recommandait la Vierge Marie à Bernadette.

Un demi-siècle après le jugement de Mgr Laurence, le Pape Pie XI béatifiait Bernadette, le 14 juin 1925 ; et le 8 décembre 1933, il l'inscrivait au nombre des saints. Le Pape Pie XII, dans une encyclique du 2 juillet 1957, invitait à faire du pèlerinage de Lourdes «*un effort collectif de renouveau chrétien de la société, en réponse à l'appel de Marie* ».

"Lourdes n'a besoin que de vérité"

Lourdes n'a rien à cacher, l'histoire des apparitions est limpide. A l'occasion de leur centenaire, Mgr Théas décida de faire publier l'ensemble des documents qui en témoignent ; il le fit dans un double but :

— répondre définitivement à l'accusation, souvent renouvelée, de supercherie soit de la part de Bernadette, soit de la part des prêtres,

— établir une histoire objective des faits, qui enfin rassemblait et tenait compte de toutes les sources documentaires.

Les sept volumes de *documents* et les six volumes d'*histoire* authentiques ont été édités par l'Abbé René Laurentin, aidé par toute une équipe, et publiés par les éditions Lethielleux et l'Œuvre de la Grotte de 1957 à 1966.

Au terme de ce travail, un volume a présenté le Récit authentique des Apparitions de Lourdes.

Pour approfondir le sens de Lourdes et mieux connaître Bernadette

René Laurentin	*Sens de Lourdes,* P. Lethielleux, Paris.
André Ravier, S.J.	*Lourdes, Terre d'Évangile,* Lescuyer et Œuvre de la Grotte, Lyon et Lourdes.
Louis Lochet	*Apparitions, Foi vivante,* Desclée de Brouwer, Paris.
Renée Massip	*Le rire de Sara*, Gallimard, Paris.
Mgr Théas	*Ce que croyait Bernadette,* Mame.
Billet-Fourcade	*Lourdes,* DDB.
Joseph Bordes	*Lourdes sur les pas de Bernadette,* Œuvre de la Grotte.
R. Laurentin	*Bernadette vous parle,* 2 vol. Apostolat des Éditions Lethielleux, Œuvre de la Grotte.
R. Laurentin	*Vie de Bernadette,* Desclée de Brouwer.
Dom Bernard Billet	*Une vocation comme tout le monde.* P. Lethielleux et Œuvre de la Grotte, Paris, Lourdes.
André Ravier, S.J.	*Bernadette et son chapelet,* Lescuter, Lyon.
André Ravier, S.J.	*Les écrits de Bernadette et sa voie spirituelle,* P. Lethielleux et Œuvre de la Grotte et Couvent Saint-Gildard, Paris, Lourdes, Nevers.
M.-M. Vandewalle	*Bernadette,* Fleurus, coll. « Un prénom un saint ».
A. Richomme	*Bernadette de Lourdes,* Fleurus, Coll. « Belles Histoires, Belles Vies ».
J. Delannoy	*Bernadette,* Mame.
C. Gaud	*Bernadette,* Mame, coll « Vers Toi Seigneur ».

ce que l'on voit à Lourdes aujourd'hui

la grotte
la statue de Notre-Dame
la source et les piscines
les cierges à la grotte
la procession aux flambeaux
le domaine et ses sanctuaires
la foule des pèlerins
les groupes de réflexion
les malades
les hospitaliers
les miracles de Lourdes
les commerçants

La Grotte de Massabielle à Lourdes

*Pour aller à la grotte, passer sous les arcades
au fond de la grande esplanade,
à droite de la basilique du Rosaire.*

A l'époque des apparitions,
le canal du moulin de Savy — venant de la gauche
sur la photo ci-dessus — rejoignait le Gave de Pau
juste devant la grotte de Massabielle
(« le vieux rocher »).
Le confluent du canal et du Gave formait
une pointe de cailloux et de sable où se tenait
Bernadette au moment de la première apparition.
L'emplacement est marqué sur le sol,
à la hauteur des premiers bancs.

Depuis, on a repoussé peu à peu le cours du
Gave pour élargir l'esplanade devant la grotte.

A LA GROTTE... SILENCE ET PRIÈRE

la grotte

Bernadette raconte ainsi la première apparition :
« La première fois que je fus à la grotte, c'était le jeudi 11 février (1858). J'allais ramasser du bois avec deux autres petites filles... Comme je levais la tête en regardant la grotte, j'aperçus une dame en blanc. »
(lire le récit complet, page 19)

● La grotte, lieu de la rencontre

Une grotte dans le rocher invite au recueillement et à l'intimité. Dieu avait dit à Moïse : « Quand passera ma gloire, je te mettrai dans la fente du rocher et je te couvrirai de ma main jusqu'à ce que je sois passé. » (Exode 33, 22).

Le prophète Élie était venu en pèlerinage au même endroit, « là, il entra dans la grotte et y il resta pour la nuit. Et voici que la parole du Seigneur lui fut adressée » (I Rois 19, 9).

Cet abri dans le rocher (en patois on l'appelait une « tute ») évoque assez spontanément une protection maternelle.

En tout cas, c'est ici, à la grotte de Massabielle que Bernadette Soubirous a vu la Vierge Marie 18 fois, entre le 11 février et le 16 juillet 1858.

« Un signe grandiose apparut dans le ciel : une Femme, ayant le soleil pour manteau, la lune sous les pieds, et sur la tête une couronne de douze étoiles... » (Apocalypse 12, 1).

C'est ici que, depuis plus d'un siècle, se rencontrent des pèlerins de tous pays, venus pour prier avec Marie et apprendre à vivre en frères.

● Le rocher de la grotte

On voit souvent des pèlerins aller baiser le rocher de la grotte. C'est de leur part un geste spontané de vénération pour ce lieu où Marie a manifesté sa présence et où tant de grâces ont été obtenues.

Plus profondément encore, ce geste peut signifier une adhésion confiante à la réalité inébranlable de Dieu, les psaumes ne disent-ils pas : « Le Seigneur est mon rocher ».

Je vous salue, Marie,
Vierge Immaculée,
comblée de grâce.
Ici même, par Bernadette,
vous nous avez appelés
à la prière
et à la pénitence
pour ouvrir nos cœurs
à la Bonne Nouvelle
du Seigneur Jésus,
votre Fils.
Bénie
entre toutes les femmes,
priez pour nous
pauvres pécheurs,
obtenez-nous les dons
de l'Esprit Saint pour
une nouvelle Pentecôte.

La statue de la grotte de Lourdes

En haut de la grotte, vers la droite, le regard est tout de suite attiré par une statue blanche.

Sur le socle, on peut lire, en patois lourdais :
« QUE SOY ERA IMMACULADA COUNCEPCIOU »
(Je suis l'Immaculée Conception)
Ce sont les paroles de l'apparition à Bernadette, le 25 mars 1858.
(lire le récit page 22)

La statue a été réalisée par le sculpteur Fabisch, d'après les indications de Bernadette elle-même et inaugurée le 4 avril 1864. Malgré les efforts du sculpteur, Bernadette fut déçue : « Ce n'est pas Elle !... Elle est trop grande (1,78 m, sans le socle), pas assez jeune, pas assez souriante ». Mais comment exprimer la gloire de Marie ?

Pour le texte patois des paroles de l'Apparition, voir Laurentin, Histoire authentique, 3, p. 230-240.

la statue de Notre-Dame

● Une présence familière

Bernadette disait de l'apparition: « Elle ressemblait parfaitement, par le visage et ses vêtements, à une Sainte Vierge placée sur l'un des autels de Lourdes, au pied duquel j'avais l'habitude d'aller prier. » (On peut voir cette Vierge de la paroisse au « Cachot », voir page 58). Le voile blanc, la ceinture bleue et le chapelet au bras, c'était le costume des « Enfants de Marie » aux cérémonies.

La Vierge est apparue à Bernadette comme une fille du même âge qu'elle et parlant le même patois. Pendant les apparitions, il leur arrivait de rire ensemble.

Dieu pouvait-il envoyer une messagère plus proche de Bernadette et plus proche de notre cœur ?

● Un appel à la prière

La Vierge a les mains jointes en un geste de prière. A son bras pend un chapelet dont elle passait les grains en même temps que Bernadette, qui ne savait pas d'autre prière. Marie continue de nous appeler à prier avec elle pour les « pauvres pécheurs » que nous sommes.

● Le message de l'Immaculée

« Voulez-vous avoir la grâce de venir ici pendant quinze jours ? »

« Je ne vous promets pas de vous rendre heureuse en ce monde mais dans l'autre. »

« Pénitence ! pénitence ! pénitence ! »

« Vous prierez Dieu pour les pécheurs. »

« Allez baiser la terre en pénitence pour la conversion des pécheurs. »

« Allez boire à la fontaine et vous y laver. »

« Allez dire aux prêtres qu'on vienne ici en procession et qu'on y bâtisse une chapelle. »

« Je suis l'Immaculée Conception. »

Lire une présentation du message de Lourdes, page 28.

L'eau de Lourdes

La source

Le jeudi 25 février 1858, la vision dit à Bernadette :
« Allez boire à la source et vous y laver. »
Et elle lui indiqua le fond de la grotte, où
en creusant le sol avec la main, Bernadette
dégagea un filet d'eau qui grossit peu à peu.
(lire le récit, page 21)
Aujourd'hui, la source coule toujours,
au fond de la grotte vers la gauche,
un peu au-dessous du niveau actuel du sol,
et on peut la voir à travers une vitre.
L'eau est envoyée dans des canalisations qui
alimentent les *fontaines,* où les pèlerins peuvent
boire et prendre de l'eau, et les *piscines.*
C'est une eau de montagne, tout à fait ordinaire
dans sa composition chimique.

Les piscines

Dès les premiers jours, des infirmes songèrent
à plonger leurs membres dans la source et
l'on emporta de l'eau pour les malades ;
bientôt des guérisons furent constatées,
comme celle de Catherine Latapie
dont la main tordue fut guérie le 1er mars 1858.
Pour éviter la bousculade, on construisit
un « cabinet aux lotions », puis les « piscines »,
sorte de grandes baignoires en maçonnerie où
les pèlerins viennent se plonger avec l'aide
des brancardiers ou des infirmières.
Le bâtiment actuel,
au-delà de la grotte, date de 1955-1956.

la source et les piscines

● « Allez boire à la source »

L'eau est absolument nécessaire à la vie. Sans eau, bêtes et gens meurent rapidement de soif. Quelques gorgées d'eau fraîche, quelle douceur pour un malade!

Dans notre monde pollué, une source de montagne, c'est le symbole de la vie qui jaillit et qui nous renouvelle de l'intérieur.

En Terre Sainte, près de Sichem, au fond du « puits de Jacob » jaillit une source. Un jour, au bord du puits, Jésus dit à une femme qui venait puiser de l'eau : « Celui qui boira de l'eau que moi je lui donnerai, n'aura plus jamais soif; et l'eau que je lui donnerai deviendra en lui source jaillissante pour la vie éternelle ». La femme lui dit : « Seigneur, donne-la-moi cette eau. » (Jean 4, 14-15).

L'eau de la source de Lourdes, comme celle du puits de Jacob, est l'image de « l'eau vive » promise par le Christ, c'est-à-dire l'Esprit-Saint qui nous abreuve de la vraie Vie. Seigneur, donne-nous de cette eau!

● « ... et vous y laver »

« Vive l'eau, vive l'eau, qui nous lave et nous rend propres... », comme nous chantions à l'école. Dans un bain, le corps fatigué se détend, la peau nettoyée respire mieux. De tous temps, se laver, se plonger dans l'eau est apparu comme un signe de purification et de renouveau spirituel.

En ces jours-là parut Jean-le-Baptiste proclamant : « Repentez-vous, car le Royaume des cieux (le Règne de Dieu) est proche ». Et ils étaient plongés (« baptisés ») par lui dans le Jourdain en confessant leurs péchés. (Matthieu 3, 1-6).

Le baptême nous a plongés dans le Christ et nous a fait renaître en lui à la vie nouvelle des enfants de Dieu.

Le sacrement de la réconciliation avec Dieu et avec nos frères est le vrai bain de purification qui nous guérit spirituellement et nous renouvelle dans l'Esprit du Christ. Quelquefois Dieu accorde une guérison physique, comme signe de sa bonté qui veut nous sauver tout entiers.

Dès le 23 février 1858 (7ᵉ apparition), Bernadette se présente à la grotte avec un cierge. Ce jour-là, et encore le 7 avril, le cierge lui glisse de la main et la flamme lui lèche les doigts sans la brûler. A l'imitation de Bernadette, de nombreux témoins se rendent à la grotte avec un cierge. Les 11 et 12 mai, de véritables processions se forment vers les 9 heures du soir devant le Rocher de Massabielle et rentrent en ville en chantant les litanies de la Sainte Vierge.

les cierges à la grotte

● Une offrande

Offrir un cierge qui brûlera devant Dieu, c'est exprimer notre désir de vivre pour le Seigneur, de nous mettre tout entier à sa disposition : « Je suis venu, ô Dieu, pour faire ta volonté ». (Psaume 40, 7-9).

● Une prière

Cette petite flamme nous représente aux pieds de la Vierge Marie... Elle veut lui dire : « Priez pour nous »... et pour tous ceux qui nous ont demandé de prier pour eux à la grotte.
Les cierges apportés par les pèlerins sont beaucoup trop nombreux pour être tous brûlés immédiatement à la grotte. Aussi a-t-on disposé, un peu plus loin, des « brûloirs » où se consument d'innombrables cierges, comme le montre la photo.

la procession aux flambeaux

Chaque soir, les pèlerins se rassemblent devant la grotte à 20 h 45. On récite le chapelet et l'on marche en procession, tenant à la main des cierges allumés, en chantant l'*Ave Maria* (page 242) dont les couplets rappellent l'histoire des apparitions, et d'autres chants. La procession s'achève habituellement sur l'Esplanade, avec le chant du *Credo* ou du *Salve Regina,* et la bénédiction des évêques et prêtres présents.

● Une lumière dans la nuit

Dans l'obscurité, c'est la méfiance et la peur. Quand une lumière brille, on peut se regrouper, se reconnaître et marcher ensemble dans la joie retrouvée.
« Je suis la lumière du monde, a dit Jésus, celui qui me suit ne marche pas dans les ténèbres ». (Jean 8, 12).

● Une lumière pour le monde

Nés à la vie nouvelle dans le Christ, les baptisés vivent dans la lumière et deviennent à leur tour lumière.
« Vous êtes la lumière du monde... que votre lumière brille aux yeux des hommes, afin que, voyant votre bonne conduite, ils rendent gloire à votre Père qui est dans les cieux ». (Matthieu 5, 14-16).

Les Sanctuaires de Lourdes

La Vierge Marie avait confié à Bernadette
la mission « *d'aller dire aux prêtres qu'on vienne
ici en procession et qu'on y bâtisse une chapelle* ».
En fait, pour accueillir la foule croissante
des pèlerins, on a construit successivement :
La Crypte creusée au sommet du rocher
surplombant la grotte et inaugurée dès 1866.
La Basilique de l'Immaculée Conception,
ou « basilique supérieure » (1876).
La Basilique du Rosaire,
en contrebas, entre les bras de la rampe (1901).
La Basilique Saint Pie X,
immense église souterraine creusée à l'occasion
du Centenaire de 1958 et qui peut contenir
jusqu'à 25 000 personnes.
Il faut ajouter *la Chapelle de la Réconciliation,*
à côté de la Basilique Supérieure,
l'Église Saint-Joseph, près de l'Accueil Notre-Dame,
pour les malades et les hospitaliers (1968)
et la nouvelle *Église Sainte-Bernadette,*
dans la prairie, inaugurée le 25 mars 1988.

le domaine et ses sanctuaires

● Un espace de paix et de prière

Autour de la grotte, un large espace a été réservé et entouré de grilles : ni hôtels, ni commerces, ni autos. C'est un « périmètre de paix » pour faciliter le recueillement.
En traversant l'esplanade, on a le temps de se détendre et de se préparer à la prière. Sur la prairie, en face de la grotte, on peut marcher, respirer, réfléchir, méditer l'Évangile ou prier le rosaire, chacun selon son rythme.

● Un lieu de rassemblement

Ce qu'on voit et ce qu'on entend dans le domaine : processions, célébrations, malades, chant des Ave Maria, cierges, tout doit nous tourner vers Dieu. Les races, les générations et les milieux sociaux s'y trouvent mêlés. Sur ces quelques hectares, depuis plus d'un siècle, que de réconciliations décisives avec Dieu et avec les hommes, que de rencontres providentielles, que de cœurs ouverts à l'espérance ou à l'audace apostolique!
O Notre-Dame, qu'il fait bon dans votre domaine !

● Des églises pour l'eucharistie

Un sanctuaire chrétien, une église, c'est une maison de prière où le peuple des baptisés se rassemble sous la conduite de ses pasteurs, pour écouter la Parole de Dieu, prier dans la louange et la supplication, et finalement offrir l'Eucharistie et s'en nourrir.
Le sanctuaire, le lieu saint par excellence où nous rencontrons Dieu, c'est Jésus Christ lui-même qui, par sa parole, par sa vie ressuscitée construit l'Église, qui est son Corps.
Par son message à Bernadette : « *Allez dire aux prêtres qu'on bâtisse ici une chapelle* », et par son intercession inlassable, Marie continue à bâtir l'Église, à enfanter le Corps du Christ.
Sainte Marie, Mère de Dieu et Mère de l'Église, priez pour nous.

Quelques témoignages de jeunes

« Où pries-tu le mieux ? — Tout seul dans ma chambre, ou bien dans une grande foule, comme ici à Lourdes. » (un garçon de 15 ans)

« Je n'y comprends rien. Pendant deux jours, je n'ai fait que ce que je déteste habituellement : marcher, prier à haute voix, discuter, écouter des sermons, assister à de longues cérémonies. Et jamais, jamais, je n'ai été si heureuse. » (une fille de 18 ans)

« J'ai vu des évêques, des prêtres, des religieuses, des laïcs. A la procession du Saint Sacrement, j'ai vu des gens de toutes les nations européennes, et des Américains, des Africains, des Asiatiques, et un pèlerinage australien... Oui, je crois avoir vu l'Église, le peuple de Dieu, tout au moins en raccourci. Devant la grotte, je sens que les autres sont chez eux, autant que moi je me sens chez moi. Ici vraiment nous sommes tous frères. » (un Africain de 27 ans)

« C'est dommage, à la basilique Saint-Pie X, les gens font trop de bruit. Mais prier avec tous ces étrangers, c'est beau. » (un enfant)

« Cette découverte du sens de Lourdes, de la prière incessante des malades, pas seulement pour eux mais pour les autres, ces quelques jours où l'on ne s'appartenait plus, nous sommes sûrs que nous les devons à la Sainte. » (un employé de 25 ans, responsable d'un groupe de jeunes)

Les jeunes à Lourdes

Chaque année, il passe à Lourdes plus de 350 000 jeunes, soit en groupes, soit isolés. Ils expriment leur foi en Jésus-Christ à leur façon, avec une volonté de dialogue et de service. Des lieux de rencontre et d'échange (Camp des jeunes, « Rotondes ») leur sont propres. Une permanence « Accueil-Jeunes », au Forum Information, les oriente vers les activités de jeunes. « Espace Vie et Foi », le M.E.J. et le Pavillon de la Vocation les invitent à des groupes de réflexion. Les différents pèlerinages organisent souvent des veillées ou des routes de jeunes, par exemple à Bartrès, et font participer les jeunes au service des malades.

la foule des pèlerins

● **Quelle diversité !...**

Chaque année, certainement plus de 3 millions de pèlerins viennent à la grotte de Lourdes. Nous voyons passer toutes les situations humaines : malades et bien portants, jeunes et vieux, jeunes ménages et groupements de veuves, handicapés mentaux...

Plus de la moitié des pèlerins viennent de pays étrangers : Italiens, Anglais, Belges, Irlandais, Australiens, Africains... On entend prier dans toutes les langues; l'exubérance des méditerranéens voisine avec le flegme des nordiques.

Ils sont de tous les milieux sociaux : ouvriers et agriculteurs, parlementaires et gitans, étudiants et apprentis...

● **... Quelle fraternité !**

A travers toute cette diversité, on sent un esprit commun. Dans la procession du Saint-Sacrement, chaque diocèse, chaque mouvement forme un groupe amical, avec ses prêtres et ses responsables. Le soir, à la fin de la procession aux flambeaux, tous se rassemblent sur l'esplanade pour chanter le Credo et saluer une dernière fois Notre-Dame.

Chaque année se renouvelle l'étonnant pèlerinage militaire international : des hommes que la guerre a parfois opposés viennent ensemble, par-dessus les frontières, prier la Reine de la Paix.

La grande famille des enfants de Dieu se rassemble volontiers auprès de Marie, mère du Christ et mère de tous les hommes.

un seul Seigneur,
une seule Foi, un seul Baptême,
un seul Dieu et Père de tous.

(Saint Paul aux Ephésiens, 4, 5-6).

Pour guider un échange entre pèlerins deux pistes possibles

1. *Bilan de notre pèlerinage.*
Pourquoi sommes-nous venus à Lourdes?
Qu'attendions-nous du pèlerinage?
Que remarquons-nous,
que découvrons-nous à Lourdes?
Parmi ces découvertes, lesquelles nous paraissent
spécialement importantes aujourd'hui?
Ce que nous vivons à Lourdes,
le vivons-nous chez nous? comment?
Que faire après Lourdes
pour continuer l'esprit du pèlerinage?

2. *Lourdes et l'Évangile pour nos frères.*
Avant notre départ pour Lourdes, quelles réflexions
avons-nous entendues à ce sujet?
Les relations entre les gens à Lourdes
sont-elles les mêmes que dans la vie ordinaire
(ressemblances, différences). Pourquoi?
Dans la vie de Bernadette,
dans l'histoire des apparitions,
dans le message de Lourdes,
quelles choses nous semblent importantes
pour nous aujourd'hui?
Après notre retour,
comment expliquerons-nous à des amis non-chrétiens
ce que nous avons vécu à Lourdes?
Notre pèlerinage peut-il modifier
notre façon de vivre nos responsabilités?

les groupes de réflexion

Lourdes, cité de la rencontre : Rencontre entre la Vierge Marie et Bernadette. Rencontre avec Dieu, qui nous a envoyé la Vierge Marie comme messagère. Rencontre avec nos frères pèlerins, de tous milieux, de tous pays. « Accueillez-vous donc les uns les autres comme le Christ vous a accueillis pour la gloire de Dieu ». (St Paul aux Romains 15, 7).

« Lorsque deux ou trois sont réunis en mon nom, je suis là, au milieu d'eux », disait Jésus. (Matthieu 18, 20). Comme l'Évangile, le message de Lourdes n'est pas un trésor que l'on découvre seul et que l'on conserve pour soi seul. Nous sommes pèlerins ensemble, en Église.

● Les conditions du dialogue

Amitié

Les deux premières apparitions (11 et 14 février) furent un contact silencieux. Marie se tait : elle regarde Bernadette, l'accueille, lui sourit.
Dialoguer ce n'est pas d'abord parler. C'est regarder l'autre, l'écouter, entrer en communion avec lui, chercher à comprendre son cœur.

Douceur

Les premières paroles de Marie à Bernadette sont d'une délicatesse, d'une douceur auxquelles la petite fille pauvre n'était pas habituée : « Voulez-vous avoir la grâce de venir ici pendant 15 jours? » « Le dialogue n'est pas orgueilleux, il n'est pas piquant, il n'est pas commandement. Il est pacifique, il évite les manières violentes, il est patient, il est généreux ». (Paul VI).

Respect

Si tous les hommes sont appelés au dépassement de leurs oppositions, les Églises ont pour vocation d'être des lieux privilégiés de cette confrontation, voire de ces affrontements. Là, dans un climat d'hospitalité, se situera l'effort pour comprendre les visées, les motivations des adversaires et la signification que, dans la foi au contact de la parole de Dieu, les uns et les autres leur donnent. (les évêques français, Lourdes, octobre 1972).

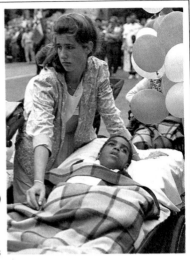

Seigneur,
celui que tu aimes
est malade ! (Jean 11, 3)

Les malades à Lourdes

Bernadette était une grande malade. Déjà de santé fragile, elle a été durement touchée, à 11 ans, par une épidémie de choléra. Elle restera de taille chétive ; l'asthme ne la quittera plus. Pneumonie et tuberculose la feront mourir à 35 ans.

L'accueil des pèlerins malades
L'Accueil Saint-Frai (Hôpital Notre-Dame des Douleurs), dispose de 450 lits et l'Ancien Accueil Notre-Dame, dans le Domaine, de 715 lits. Le Nouvel Accueil Notre-Dame sur la rive droite du Gave, compte 904 lits. Il existe aussi en ville d'autres Centres d'Accueil pour les malades, suivant leur nationalité : Salus Infirmorum *(Italiens)*, quai Boissarie. C.L.M. *(Maison d'Accueil pour enfants handicapés Irlandais)* rue des Pyrénées. Acros et Hosanna House *(Maison d'Accueil pour personnes malades et handicapées Anglaises)* route de Bartrès, et le tout nouveau Centre St Jean le Baptiste pour les dialysés, route de Bartrès.
Le Centre Hospitalier Général de Lourdes, du côté de la gare, porte le nom de Bernadette Soubirous ; il reçoit les cas graves survenus au cours des pèlerinages.
Chaque année on compte environ 60 000 malades pèlerins hospitalisés et 20 000 malades isolés logés en hôtel.

Pour les personnes handicapées, leurs parents et amis : Permanence près du Pavillon Missionnaire
(voir plan page 257).

les malades

*Dans nos villes et nos villages, les malades existent, mais on ne les voit guère. A Lourdes, on voit les malades, ils sont pèlerins avec nous. Ne les **regardons** pas avec curiosité, ne les **photographions** pas, mais essayons de les **rencontrer** fraternellement.*

● Écoutons quelques malades-pèlerins

leurs souffrances

« Plus jeune, ça m'était facile d'aller avec les bien-portants; puis, petit à petit les amies se sont mariées, et maintenant elles me laissent de côté ».

« Chez nous, on se sent regardés. On cherche maladroitement à nous consoler : on se demande pourquoi, et cela nous rend mal à l'aise. Ici, on vit en amitié. On ne sent pas cette pitié. On se sent comme les autres ».

leurs découvertes

« Ce qui nous aide, c'est de se savoir capable de faire quelque chose, de rendre service. C'est de découvrir qu'on n'a pas seulement à recevoir des autres, mais que nous aussi nous pouvons leur apporter beaucoup, en essayant de comprendre, d'accueillir, en s'ouvrant aux autres ».

« A nous aussi, pauvres de santé, pauvres de moyens humains, le Christ et la Vierge nous demandent — comme à Bernadette, la plus petite et la plus pauvre de tous — de faire passer un message de joie et de paix ».

« J'ai peu à peu compris la parole de saint Paul : « *Ce qu'il reste à souffrir des épreuves du Christ, je l'accomplis dans ma propre chair, pour son Corps, qui est l'Église* ». (Col. 1, 24).

● Une question posée à tous les pèlerins

« C'est une révélation pour moi, disait une étudiante. Je n'avais jamais vu de grands malades de près. Il a fallu que je participe à un pèlerinage pour comprendre un peu leur drame, leur solitude, leur besoin de parler ». « A Lourdes, disait un évêque, nous apprenons à écouter les malades, à les aborder comme des adultes, à cheminer avec eux ».

Le Seigneur dira,
au jour du Jugement :
« j'avais faim,
et vous m'avez donné
à manger;
j'avais soif,
et vous m'avez donné
à boire;
j'étais un étranger,
et vous m'avez accueilli ;
j'étais malade,
et vous m'avez visité...
Vraiment, je vous le dis,
chaque fois
que vous l'avez fait
à l'un de ces petits
qui sont mes frères,
c'est à moi
que vous l'avez fait ».
Matthieu 25, 35-40

Brancardiers, Hospitalières, Hôtesses...

Ce sont des pèlerins comme les autres, venus à leurs propres frais, en prenant sur leurs vacances, pour se mettre bénévolement au service des malades et des autres pèlerins.

Certains viennent passer à Lourdes plusieurs semaines de service, dans le cadre de *l'Hospitalité Notre-Dame de Lourdes.* Ils assurent le service d'ordre général (grotte, esplanade, processions...), le service des bains aux piscines et bien d'autres tâches moins visibles.

La plupart viennent pour quelques jours avec un pèlerinage diocésain ou national, comme membres de l'hospitalité de ce pèlerinage. Parmi eux, *médecins et infirmières diplômées* mettent bénévolement leur compétence au service des malades.

A l'entrée des sanctuaires, les hôtesses accueillent et renseignent les pèlerins en toutes les langues ; prennent en charge les personnes égarées... etc. Tout cela avec patience et sourire.

Pour servir à Lourdes

A condition d'être soi-même en bonne santé et prêt à accepter une discipline de travail en équipe, les volontaires peuvent s'adresser au bureau de l'Hospitalité ou à l'Accueil (hôtesses) sous les rampes à droite de l'Esplanade. Pour aider au transport et aux soins des malades, s'adresser aux permanences des différents pèlerinages.

les hospitaliers

● Comme Bernadette, au service des malades et des pauvres

Le désir de servir les pauvres et de soigner les malades et les enfants joua un rôle certain dans son choix pour les « Sœurs de charité » de Nevers.

Religieuse à Nevers, elle fut désignée comme aide infirmière, puis comme infirmière. Elle se montrait ferme avec les malades. Mais elle trouvait les mots qu'il fallait pour leur faire accepter les remèdes. Sa délicatesse et sa bonne humeur les réconfortaient.

● Comme Jésus, le vrai serviteur

Servir les malades, c'est, pour des chrétiens, une façon d'imiter Jésus lui-même :

« Si, moi, le Seigneur et le Maître, je vous ai lavé les pieds, vous aussi vous devez vous laver les pieds les uns les autres. C'est un exemple que je vous ai donné, afin que vous fassiez, vous aussi, comme j'ai fait pour vous. » (Jean, 13, 1-15).

● ... et après Lourdes ?

A Lourdes, nous avons remarqué les malades, nous nous sommes occupés d'eux. Qu'en restera-t-il après notre retour ?

Dans notre voisinage, il y a des malades, des vieillards isolés ; certains sont partis à l'hôpital ou en maison de retraite.

Nous savons qu'une visite leur fera plaisir, surtout si elle devient régulière.

Nous chercherons comment faire participer les malades à la vie sociale, aux fêtes du quartier et de la paroisse, aux groupes de réflexion.

les miracles de Lourdes

Quelques faits

Le premier miracle de Lourdes

La première guérison qu'on puisse dater parmi toutes celles qui seront reconnues à Lourdes, eut lieu à la Grotte, le jour de la 12e apparition à Bernadette.

Catherine Latapie, 38 ans, habitante de Loubajac, un village situé à 6 kilomètres de Lourdes, de l'autre côté du Gave, se trouvait dans une extrême misère à la suite d'un accident. En 1856, elle était tombée d'un chêne dont elle gaulait les glands. Elle s'était retrouvée au sol avec l'épaule droite retournée, les doigts tordus. Le médecin avait remis le bras, mais les deux derniers doigts restaient pliés, paralysés. Dans la nuit du 28 février au 1er mars 1858, elle entend parler de la source de Massabielle, découverte par Bernadette, le 25 février précédent, dont l'eau avait déjà soulagé des malades. Il fait nuit. Catherine est sur le point d'accoucher de son 3e enfant. Elle part quand même emmenant avec elle ses deux enfants, Marie, 8 ans, et Jean, 3 ans. Elle arrive à la Grotte vers 3 heures du matin avant l'apparition, prie, grimpe la pente caillouteuse vers le gîte de la source encore bourbeuse, se courbe au fond sous la voûte basse, plonge sa main dans l'eau. Une grande douceur l'envahit. Elle retire la main. Les doigts sont souples maintenant. Elle rentre aussitôt à Loubajac et à l'arrivée, accouche « heureusement et presque sans douleur ».

Cette guérison est l'une des sept retenues par l'enquête épiscopale de 1860 à 1862. (Cf. R. Laurentin, *Lourdes*, *Histoire authentique*, t. 5, p. 53-56.)

Comment sont reconnus les miracles ?

Lorsqu'un malade est guéri, l'important, c'est la grâce reçue, sa fructification dans l'espérance. Ce don est inexprimable. Il déborde la guérison physique. Mais l'Église exerce ici son rôle de discernement à la fois pour écarter des illusions, des supercheries, mais aussi pour confirmer les cas les plus éclatants et les proposer aux croyants et aux hommes de bonne volonté.

La vérification des guérisons relève de deux instances :

1o Il revient à la Médecine de juger qu'il y avait bien une maladie sérieuse, et que la guérison est extraordinaire. *Le Bureau médical de Lourdes* ouvert à tous les médecins, croyants ou incroyants, est chargé d'établir les dossiers des guérisons. Le jugement revient, en dernier ressort, à un *Comité médical international,* formé de sommités scientifiques, professeurs, chefs de services de grands hôpitaux universitaires, membres des diverses Académies de médecine, etc.

2º Si le cas est reconnu par l'instance médicale, il revient à l'évêque du lieu seul de juger des circonstances de la guérison du point de vue de la foi et de porter un jugement définitif. C'est seulement alors que la guérison est reconnue officiellement.

Combien de miracles reconnus ?

Depuis les origines de Lourdes (1858), 65 miracles seulement ont été proclamés. Pourtant chaque année une trentaine de malades en moyenne se sont déclarés guéris. Mais sur 909 dossiers classés de 1946 à 1968, 72 seulement ont été retenus par le Bureau médical et sur ce nombre, il n'y a eu que 22 guérisons déclarées miraculeuses par l'autorité de l'Église. Cela tient à la rigueur extrême de ses constats. Cela tient aussi au fait que nombre de ces guérisons se produisent sans qu'un dossier suffisant permette de constater la maladie, ou que tout simplement le malade a perçu sa guérison comme une grâce intime et n'a pas jugé bon de se soumettre aux instances officielles.

Pourtant certains miracles non reconnus, par exemple celui de Gargam qui a témoigné pendant plusieurs dizaines d'années, ont exercé un rayonnement parfois important.

(Cf. Dr A. Olivieri et Dom Bernard Billet, *Y a-t-il encore des miracles à Lourdes ?* 4e édition, Paris, Lourdes, 1983. Dr Th. Mangiapan, *Lourdes : Miracles et Miraculés... Quand, qui et où ?* Imprimerie de la Grotte, juin 1986).

Réflexions

Les miracles de Jésus : signes pour la Foi

Les miracles rapportés par les Évangiles sont des signes de la miséricorde divine venant au secours de la détresse humaine :

Lorsqu'il débarqua, Jésus vit une grande foule, il en eut pitié et il guérit leurs malades. (Matthieu 14, 14)

Jésus appela ses disciples et leur dit : « J'ai pitié de cette foule : depuis trois jours déjà, ils sont avec moi et n'ont rien à manger... » Et il multiplie pour eux les pains et les poissons. (Matthieu 15, 32-38)

A travers ces miracles visibles, faits en faveur de quelques-uns, le Christ voulait signifier qu'Il venait apporter à tous la libération du péché et de la mort.

La puissance du Christ, proche de nous

La puissance de guérison qui habitait le Christ et qui est au premier plan de l'Évangile s'est perpétuée dans l'Église, discrètement et sans interruption : par le sacrement des malades, dans l'entourage des saints et des personnages charismatiques, dans des lieux de pèlerinage.

A Lourdes, cette puissance de guérison qui habite le Christ a rejailli avec éclat. Elle est un signe gratuit proposé à notre espérance pour que nous comprenions mieux l'actualité du salut de Jésus Christ qui sauve l'homme tout entier, corps et âme.

Des signes de la grâce, offerts à tous

Les guérisons de Lourdes ont commencé autour de la source que la Vierge Marie fit découvrir à Bernadette le 25 février. Mais les guérisons rejaillissent de la source plus profonde de l'Évangile. Nous avons peut-être trop oublié que le Christ a loué ceux qui demandaient la guérison avec foi, qu'il ne leur prêche pas la résignation, que là même où il les éprouve, il les fait attendre, mais les exauce en leur disant : « Ta foi t'a sauvé ».

Certes, la puissance de guérison du Christ est gratuite et ceux qu'il a guéris sont morts un jour, mais l'Évangile nous invite à nous adresser à lui sans timidité dans l'espérance, avec l'assurance qu'il veut nous sauver tout entier.

Nous le ferons à Lourdes en action de grâces, car Dieu ne peut nous manquer. Nous sommes en droit de prier pour notre guérison, mais en restant prêts à partager la croix qui est le lot du Christ lui-même : « Celui qui veut venir après moi, qu'il porte sa croix et qu'il me suive », disait-il, et, à la veille de sa mort : « Père, que ta volonté soit faite, et non la mienne ! »

Par la guérison, par la maladie acceptée dans cet esprit, le Seigneur nous conduit tous à sa résurrection : les guérisons de Lourdes sont le signe gratuit de la grâce essentielle offerte à tous.

les commerçants

Dans les rues de Lourdes conduisant aux sanctuaires, il y a beaucoup de magasins. Certains en sont choqués. Pourquoi ne pas en parler amicalement avec les commerçants eux-mêmes? Voici quelques-unes de leurs réponses :

« Trop de magasins? — Pensez qu'il passe à Lourdes, chaque année entre 5 et 6 millions de pèlerins ou visiteurs. Et chacun veut rapporter des «souvenirs» à sa famille et ses amis. Il faut bien les acheter quelque part. Un détail pratique : le nombre des magasins maintient la concurrence... et donc des prix raisonnables, dans l'intérêt de nos clients. »

« Des enfilades de commerces? – Regardez un plan de Lourdes, avec seulement deux itinéraires d'accès aux sanctuaires. L'accumulation des magasins tient davantage à la configuration des lieux qu'à une réelle saturation. »

« Certains articles vous choquent? – Le commerçant lourdais vend ce que lui demandent les pèlerins, et les goûts sont très variés selon les milieux et selon les pays. Une certaine éducation est possible, à longue échéance, mais c'est aussi la responsabilité des pèlerinages. »

Un groupe de chrétiens travaillant dans le commerce des souvenirs ajoute ceci :
« Amis pèlerins, Lourdes « Terre de Marie » est aussi « Terre des hommes ». Lourdes sera ce que vous en ferez. Le commerce de Lourdes possède un caractère propre, celui d'être *au service des pèlerins* et de ceux dont on fait si peu de cas ailleurs, *les malades*.

Peut-être est-ce notre vocation dans l'Église, de dire au monde que la mission essentielle du commerce, c'est d'être d'abord un service.

Entre le *commercial* et le *sacré*, il pourrait y avoir à Lourdes une forme de réconciliation. »

Les groupes de pèlerins qui désirent rencontrer des commerçants pour parler de ces questions, peuvent s'adresser à M. le Curé de Lourdes, au Presbytère, Place de l'Église.

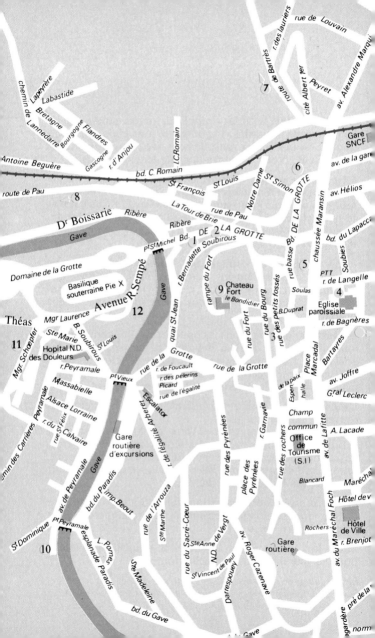

sur les pas
de Bernadette

les lieux où vécut Bernadette
la ville de Lourdes
l'alphabet du pèlerin

▶ MAISON NATALE OU MOULIN DE BOLY (1)

Cachée dans l'étroite et sinueuse rue Bernadette Soubirous, cette vieille demeure a retrouvé son aspect ancien et évocateur. Bernadette naquit en ces lieux et y vécut jusqu'à l'âge de 10 ans.

▶ MAISON PATERNELLE OU MOULIN LACADE (2)

Bernadette n'y a jamais habité. Ses parents y ont vécu après les apparitions. Bernadette, qui vivait alors à l'Hospice des Sœurs (6), venait voir sa famille deux fois la semaine. Meubles et bibelots, quelques tableaux et photographies de famille évoquent les Soubirous et les Casterot.

▶ LE CACHOT (3)

Une pièce de l'ancienne prison de la ville, 15, rue des Petits-Fossés, abritait les six personnes de la famille Soubirous au temps des apparitions. Bernadette n'y a pas vécu continuellement, mais elle y demeurait en 1858.

Une feuille déposée sur la cheminée peut être lue par les pèlerins de passage. La messe est célébrée aux heures matinales. Et, sortant du cachot, on passe dans la *salle des souvenirs :* quelques photographies, le foulard de Bernadette, un de ses chapelets, la clé du cachot, un bas et un capulet de la voyante. Une statue de l'Immaculée devant laquelle priait Bernadette vient de l'ancienne église paroissiale.

▶ L'ÉGLISE PAROISSIALE (4)

L'église que connut Bernadette fut démolie en 1905. Elle était située à l'emplacement de l'actuel monument aux morts.
Construite à partir de 1875, l'église actuelle, dédiée au Sacré-Cœur, renferme plusieurs souvenirs de Bernadette et de son temps :
— les fonts baptismaux où Bernadette fut baptisée en 1844 ;
— le confessionnal de Monsieur le Curé Peyramale ;
— dans la crypte, le tombeau de Monseigneur Peyramale en marbre blanc surmonté d'une statue de Notre-Dame de Lourdes.

▶ L'ANCIEN PRESBYTÈRE (5) (aujourd'hui : Bibliothèque)

Il est situé au n° 7 de la Chaussée Maransin (qui conduit de l'église à la gare). Une plaque a été apposée sur la maison rappelant le souvenir de Bernadette, de son Curé et des Apparitions. Le bâtiment, réhaussé d'un étage, a conservé extérieurement son aspect austère. A l'entrée, statue de "Bernadette à la lecture" par Gabrielle.

L'HOPITAL BERNADETTE (6)

Aujourd'hui, c'est le Centre Hospitalier Général de Lourdes. Du temps de Bernadette, il comportait une école tenue par les Sœurs de Nevers qui tenaient la direction de la maison. Des anciens bâtiments, on visite successivement l'ancienne chapelle (où Bernadette fit sa première communion, le 3 juin 1858) et le parloir où l'on peut voir divers souvenirs. Bernadette habita ici de 1860 à 1866.

BARTRES (Route vers Bartrès 7)

A environ 3 kilomètres de Lourdes, un village accueillit Bernadette mise en nourrice, c'était Bartrès. Aux approches de ses quatorze ans, elle y revint garder un troupeau de moutons, pour soulager ses parents ruinés et préserver sa santé chancelante.

Le pèlerinage à Bartrès est favorable à la réflexion personnelle et communautaire, mais quelques visites s'imposent pour y revivre la vie de Bernadette :
— la montée à la Bergerie, conservée sur la colline avant l'entrée du Bourg ;
— le parcours du chemin même qu'empruntait Bernadette avec le troupeau, entre la maison et les pâturages ;
— une visite dans le bourg au foyer où elle était accueillie chez sa nourrice, (le bâtiment d'habitation — sauf le mur longeant la rue — a cependant été reconstruit après un incendie) ;
— une halte à l'église paroissiale qui conserve quelques retables et mobiliers anciens : au maître-autel un retable du XVIIIe siècle représente la Visitation, le baptême de Notre-Seigneur et la décapitation de Jean-Baptiste. Un autel latéral est dédié à Notre-Dame et l'autre à saint Joseph (XVIIIe siècle) ;
— dans le cimetière voisin, tombe de la nourrice de Bernadette, Marie Aravant.

NOTRE-DAME DE BÉTHARRAM (8)

Les Grottes de Bétharram sont célèbres. Mais Bétharram, c'est aussi un sanctuaire dédié à la Vierge Marie, où Bernadette enfant vint plusieurs fois en pèlerinage. Après les apparitions elle y rencontra saint Michel Garicoïts ; à cette occasion deux religieux interpellèrent la voyante :
"Eh bien, mon enfant, vous avez eu de la chance, la sainte Vierge vous a promis le ciel !
— Oui, répondit-elle, si je me le gagne."

LA CHAPELLE DU CHATEAU FORT (9)

Elle a conservé les statues et le mobilier en bois doré de l'ancienne église fréquentée par Bernadette.

La montée au Château-Fort (entrée payante ; rampe, escaliers ou ascenseur) procurera une vue unique sur la ville et les sanctuaires. Elle permettra de visiter le *Musée pyrénéen* (coutumes, folklore, mobilier, industrie et artisanat, costumes des Pyrénées). La *Bibliothèque* du Château rassemble 15 000 volumes à la disposition des amateurs de pyrénéisme ou d'histoire locale. *Horaires d'ouverture :* de 9 h à 11 h 30 et de 13 h 30 à 18 h 30.

▶ LOURDES EN 1858

L'exposition du **Petit-Lourdes,** au fond de l'Avenue Peyramale, sur la rive gauche du Gave, montre une reproduction fidèle au 1/20e du centre de la ville de Lourdes en 1858. (10)

La *Salle du Cinéma Bernadette,* rue Mgr Schoepffer, présente un diorama de la vie de Bernadette. (11)

Au *Musée Notre-Dame,* dans le Domaine de la Grotte : ne pas manquer de visiter *les salles* présentant le Message et les souvenirs de Bernadette. (12)

▶ NEVERS

Au couvent de Saint-Gildard, maison-mère des Sœurs de la Charité de Nevers, Bernadette vécut sous le nom de Sœur Marie-Bernard, de 1866 à sa mort en 1879. Son corps est vénéré dans la chapelle du Couvent. Près de la chapelle, une exposition rappelle la vie de Bernadette.

la ville de Lourdes

Située à environ 420 mètres d'altitude, sur le bord du Gave de Pau, chef-lieu de canton du département des Hautes-Pyrénées, la ville de Lourdes est un carrefour au débouché des vallées pyrénéennes d'Argelès, Luz et Cauterets et à l'entrée des vallées de la Bigorre. La ville ancienne se blotissait autour du château-fort, la ville moderne s'étale sur les flancs des monts et dans les vallées. Elle s'est particulièrement développée en direction de la Grotte qui en 1858 était un lieu désert. C'est actuellement une agglomération de 16.581 habitants (recensement de 1990), dont le territoire s'étend sur une superficie de 3 865 ha.

Elle est traversée en direction sud-nord par le Gave de Pau ; venant de Gavarnie, grossi des torrents de Barèges et de Cauterets, il baigne au passage le rivage de Massabielle devant la Grotte après avoir bifurqué vers l'ouest en direction du Béarn.
Au sud, dans le lointain se découpent les crêtes des pics pyrénéens : Pibeste, Pic d'Alian, Vignemale (3 298 m), et, tout contre la cité, le Béout, le Petit Jer avec ses trois croix, le Grand Jer (1 000 m) et son immense croix qui veille sur la ville.

HISTOIRE
DE LOURDES

La préhistoire a laissé des traces à la *Grotte des Espélugues* (15e station du Chemin de Croix) notamment. De même, la civilisation romaine et les nombreuses invasions : successivement, les gaulois, les romains, les barbares, les maures fortifièrent le rocher de Lourdes où se trouve édifié le château-fort. (9)

Jusqu'au xviie siècle, l'histoire de la cité se confond avec celle du Château, avec les sièges successifs des Normands (841), de Simon de Monfort (1208), puis une double occupation anglaise (1251-1267, 1360-1407). En 1425, le comté de Bigorre est donné par le roi de France, Charles VII, à la maison de Foix et se trouve ainsi réuni au Béarn. Lourdes subit à deux reprises le contre-coup des guerres de religion, puis en 1607 fait à nouveau partie du Royaume de France. Dès lors jusqu'aux apparitions rien ne distingue tellement Lourdes des cités voisines si ce n'est peut-être le nombre de ses confréries de la Vierge Marie : en 1858, Lourdes comptait 4 135 habitants et possédait 459 maisons. Mille deux cents ouvriers travaillaient dans ses carrières de marbre et d'ardoises.

Brève histoire du Pèlerinage

Les statistiques des pèlerinages et l'histoire de Lourdes depuis 1858 fournissent le meilleur témoignage de la réponse des chrétiens à l'appel de la Vierge et de l'Église. Voici simplement quelques chiffres et quelques dates qui parlent d'eux-mêmes :

4 avril 1864, Inauguration de la statue de la grotte : 20 000 pèlerins
21 mai 1866, Inauguration de la crypte; 2e grande « *procession* » : 40 000 pèlerins

6 octobre 1872, Pèlerinage dit « des bannières » : 50 000 pèlerins
3 juillet 1876, Fêtes du Couronnement de N.-D. de Lourdes : 100 000 pèlerins

Année 1891, chiffre total des pèlerins venus par trains : 110 000 pèlerins

25-28 avril 1935, Fêtes du Jubilé de la Rédemption : 300 000 pèlerins
En 1908, l'année du Cinquantenaire des apparitions avait attiré 1 000 000 de pèlerins. En 1958, pour le Centenaire, on les a estimés à près de 5 000 000.

Aujourd'hui, le chiffre annuel dépasse ce nombre : à côté de ceux qui viennent du monde entier en pèlerinages organisés se multiplient les « *pèlerins d'un jour* », les petits groupes et les touristes.

Lourdes est vraiment devenu un « *centre mondial de pèlerinages* », une « *capitale de la prière* », dont l'histoire est jalonnée de rencontres significatives : Rassemblement des anciens combattants de 19 nations en septembre 1934; Congrès marial en 1930 et en 1958; Pèlerinage des anciens prisonniers et déportés, en 1946, 1966 et 1975; Pèlerinage du Monde ouvrier, en 1966; Pèlerinage international des polios, en 1963, 1968, 1973; Congrès de l'A.C.I. en 1969; Pèlerinage international des handicapés mentaux « Foi et lumière », à Pâques 1971. 42e Congrès Eucharistique International, juillet 1981; et visite du Pape Jean-Paul II, 14 et 15 août 1983. Lourdes est, depuis 1966, le lieu de rassemblement choisi chaque année pour l'Assemblée plénière de l'Épiscopat de France.

LOURDES
AUJOURD'HUI

Bien que le développement actuel de la ville soit dû aux pèlerinages et à l'attrait du tourisme dans les Pyrénées dont Lourdes est une porte d'entrée, elle a sa vie propre avec de nombreuses activités (au plan culturel, le Festival de Pâques Musique et Art sacré, la Biennale internationale du Gemmail d'art sacré... ; au plan sportif, la célèbre équipe de rugby...).

Lourdes est aussi un nœud de voies de communications routières très important, à proximité des stations thermales des Pyrénées. La ville présente une concentration hôtelière de premier ordre qui groupe 400 hôtels de toutes catégories avec 15 581 chambres, 85 meublés, appartements ou villas ;

20 terrains de camping. Demander au *Syndicat d'initiative,* Place du Champ-Commun, les dépliants concernant hôtels, campings et parkings (Téléphone : Office municipal du Tourisme 62.94.15.64).

TOURISME
ET COMMERCE

Vivre à Lourdes, pour ses habitants comme pour les pèlerins, c'est aussi vivre dans le cadre naturel d'une région où abondent les sites admirables, forêts, cimes, torrents, monuments, villes ou villages pittoresques, aux portes du Parc National des Pyrénées. Le Syndicat d'Initiative, les Bureaux d'excursions et les Hôtels donneront tous renseignements.

Utile en raison des pèlerinages, le commerce – par un phénomène de concentration – paraît particulièrement envahissant dans les quartiers proches des sanctuaires, où les boutiques se sont peu à peu adjointes aux hôtels.

Tout est offert à la vente : choisissons l'utile et le beau, encourageons ceux qui font un effort dans ce sens, pensons à ceux qui n'ont pu venir à Lourdes et qu'un souvenir de qualité élèvera et réjouira.

l'alphabet du pèlerin

63

Dans ce texte, les chiffres renvoient au plan situé à la fin du livre.

Pour s'orienter dans le Domaine de la Grotte, il est utile de repérer sur cette même carte : les portes d'entrée (porte Saint Joseph (2), porte Saint Michel (1), la statue de la Vierge Couronnée (11) (qui est un point de rencontre commode) et l'esplanade devant la Basilique du Rosaire.

A

- **ACCUEIL DES PÈLERINS (12).** Tous les services d'accueil, d'information, de renseignements pour les pèlerins et visiteurs isolés, en groupe, pèlerins d'un jour, jeunes, sont regroupés devant le grand bâtiment à gauche de la Vierge Couronnée, près de la porte Saint Joseph, des Permanences des Pèlerinages et du Centre d'Animation Pastorale.

- **(ANCIEN) ACCUEIL NOTRE-DAME (33).** Près de la statue de la Vierge Couronnée. Pour l'hébergement des malades (peut en recevoir 601) ; réservée en principe aux malades inscrits par la direction des pèlerinages. La direction est assurée par les Sœurs de Nevers. Tél. 05.62.42.79.46 Salle de transit.

- **ACCUEIL MARIE SAINT FRAI (35).** Avenue Bernadette Soubirous. Tél. 05.62.94.75.15. Pour l'hébergement des malades (peut en recevoir 450). Il est dirigé par les religieuses dont la fondatrice, mademoiselle Marie Saint-Frai a donné son nom à la maison, dès 1874. On peut y louer des voiturettes pour pèlerins infirmes non reçus aux centres d'accueil.

- **(NOUVEL) ACCUEIL NOTRE-DAME ou ACCUEIL SAINTE BERNADETTE (34).** Ce nouveau centre d'accueil pour les malades a été ouvert le 7 avril 1997 (904 lits). Il est situé de l'autre côté du Gave, à l'extrémité Est de la Prairie de la Ribère, parallèlement à l'ancien Accueil Notre-Dame (33) auquel il est relié par un pont. Tél. 05.62.42.79.45.

- **ACTION CATHOLIQUE.** À l'espace Vie et Foi (39), responsables et aumôniers sont à la disposition des pèlerins souhaitant réfléchir en particulier en groupes.

- **AUTEL DE L'ESPLANADE (ou SAINTE BERNADETTE) (27).** Sur l'esplanade, sous la rampe de gauche.

- **AUTOBUS URBAINS** : de la gare S.N.C.F. (place de la Gare) aux sanctuaires (porte Saint Joseph). Autres lignes : des sanctuaires vers l'Esplanade du Paradis et l'avenue Peyramale ; de la ville vers le Pic du Jer.

● BARTRES. Voir p. 59. La route part, à gauche, au-delà du pont de chemin de fer entre le Centre Hospitalier municipal et la Gare.

● BASILIQUE DE L'IMMACULÉE CONCEPTION OU BASILIQUE SUPÉRIEURE (24). Elle domine le rocher de la Grotte, à 20 mètres au-dessus du Gave. Édifiée de 1866 à 1872, déclarée basilique mineure en 1874 et consacrée en 1876, elle mesure 51 mètres sur 21 et peut contenir 600 personnes. Les vitraux des chapelles latérales racontent l'histoire des apparitions (commencer par la gauche) ; ceux de la nef soulignent le rôle de Notre-Dame dans l'histoire du Salut. La sacristie se trouve à droite du chœur.

● BASILIQUE DU ROSAIRE (26). Sur l'esplanade, au pied de la basilique supérieure. Réalisée de 1883 à 1889, consacrée en 1901 et déclarée basilique mineure en 1926, elle est un mélange architectural de plan romain et de construction de style byzantin, avec une grande coupole centrale (qui s'élève à 22 mètres). Elle mesure 52 mètres sur 48, et peut contenir 1500 personnes. Quinze chapelles représentent les mystères du rosaire. La sacristie est à droite de l'entrée.

● BASILIQUE SAINT PIE X (SOUTERRAINE) (28). Entre la porte Saint Michel et la Vierge Couronnée, à 12 mètres sous terre. Édifiée en 1957 et consacrée le 25 mars 1958 par le Cardinal Roncalli, futur Pape Jean XXIII, elle mesure 200 mètres sur 80 (en son centre), et couvre 8000 mètres carrés ; elle peut contenir de 20 à 25 000 personnes. Ses arches de très grande portée, en ciment précontraint, facilitent les rassemblements de foules autour de l'autel central. Elle a valu à son architecte Pierre Vago le Grand Prix de l'Architecture 1959. La sacristie habituelle s'ouvre sur la chapelle du Saint Sacrement. Autres sacristies aux extrémités de l'ellipse.

● BERNADETTE. Pour les lieux où vécut Bernadette, voir page 58. Pour les souvenirs de Bernadette, voir : Musée Bernadette (42), le Diorama (15), l'église paroissiale.

● BÉTHARRAM. Voir page 59.

● BRANCARDIERS. Voir : Hospitalité.

● BUREAUX DE L'ŒUVRE DE LA GROTTE. Les bureaux sont situés au Centre d'Animation Pastorale (C.A.P.) (13), près des Permanences et de l'Accueil général, à gauche de la Vierge Couronnée.

● BUREAU DE PRESSE. Au 2e étage du Centre d'Animation Pastorale (13). Information, conférences de presse, accueil des journalistes. Tél. 05.62.42.78.00.

● BUREAU MÉDICAL (37). Sous la rampe droite du Rosaire, en allant vers la Grotte. Présentation de documents sur les guérisons miraculeuses. Siège de l'Association Médicale Internationale de Lourdes, qui édite un bulletin en plusieurs langues.
Salle d'examen et de conférences (18) ; de Pâques à octobre, conférence tous les jours à 15 h par un médecin.

C _____

- CACHOT. Voir page 58.

- CAMP DES JEUNES. Voir : Jeunes.

- CAMPING. S'adresser à l'Office municipal du Tourisme, Place du Champ-Commun. Tél. 05.62.94.15.64.

- CENTRE D'ANIMATION PASTORALE (13). Entrer par la porte Saint Joseph (2). Le Centre se trouve tout de suite après le bâtiment des Permanences des Pèlerinages. Au rez-de-chaussée, vaste hall et librairie ; au 1er étage, bureaux du Recteur et du Secrétaire général. Au 2ème étage, bureau de presse.

- CENTRE DE DIALYSE SAINT-JEAN LE BAPTISTE. Ouvert en 1986. Il permet le pèlerinage aux pèlerins qui ont besoin d'une dialyse fréquente. Il est nécessaire de faire la demande assez longtemps à l'avance, par l'intermédiaire des médecins de pèlerinages. Adresse : Route de Bartrès. Tél. 05.62.94.26.25.

- CENTRE HOSPITALIER GÉNÉRAL MUNICIPAL (HOPITAL BERNADETTE). Voir page 59.

- CHAPELAINS. Voir, œuvre de la Grotte.

- CHAPELET A LA GROTTE. A 20 h 45, chaque soir, pendant la procession aux flambeaux.

- CHAPELLE DE L'ADORATION. Elle a été inaugurée le 18 juin 1995. Horaire d'ouverture du mois d'avril au mois de septembre de 8 h 45 à 16 h.

- CHAPELLE DE L'HOSPITALITÉ. A l'entrée du Rosaire (26), à gauche.

- CHAPELLE DES CONFESSIONS OU DE LA RÉCONCILIATION. Voir : Confessions (31).

- CHAPELLE PAX CHRISTI. C'est la chapelle du Saint Sacrement de la basilique Saint Pie X (28).

- CHAPELLE SAINTE BERNADETTE. Voir : Autel de l'Esplanade (27).

- CHATEAU FORT. Voir page 59.

- CHEMIN DE CROIX (32). Entrée Av. Mgr Théas au niveau de la crypte (25) de la basilique supérieure, à côté de la chapelle de la Réconciliation (confessions) (31).
Au début des pèlerinages, les pèlerins allaient à Bétharram faire leur chemin de croix. En 1872, un chemin fut tracé dans la montagne : la présentation actuelle date de 1912. Il comporte une montée et une descente de 1500 mètres. Le long de ce chemin sont placés des personnages de fonte représentant les stations habituelles (ils sont au nombre de 115). Le chemin de croix terminé, on trouve la grotte des Espélugues, où deux chapelles furent aménagées en l'honneur de sainte Marie-Madeleine et de Notre-Dame des Douleurs. La grotte est ouverte aux groupes sur demande.

(N.B. — Il peut être utile de savoir que la sortie du Chemin de Croix fait repasser les pèlerins devant l'entrée de la Chapelle des Confessions. Un autre chemin de croix (38) plus accessible et sur terrain plat, existe sur la rive droite du Gave, au-delà de la Grotte et des piscines. Un autre enfin est disposé le long des rampes, à l'intérieur de la basilique Saint Pie X.

● CHORALES. Répétition commune les lundi et mardi après la Procession du Saint Sacrement.

● CIERGES. Self-service au-delà de la rampe droite du Rosaire, en allant vers la Grotte. Pour les gros cierges, s'adresser à la Librairie (43).

● CINÉMA BERNADETTE (44). Rue Mgr Schoepfer, en face de la porte Saint Joseph. Séances quotidiennes : consulter les affiches.

● CITÉ SAINT PIERRE. Chemin des Carrières Peyramale (47) puis route étroite et montante (une vingtaine de minutes à pied). Des cars spéciaux partent de la permanence du Secours Catholique, en face de la porte Saint Joseph. Tél. 05.62.94.13.81. La Cité accueille gratuitement ceux qui, sans elle, n'auraient jamais pu venir à Lourdes et qui ont été inscrits par les Comités diocésains du Secours Catholique. Elle s'étage le long des pentes, au pied du Béout, sur 18 hectares de prairies et de bois. On peut visiter de 9 à 11 h, et de 14 à 18 h.

● CONFESSIONS. Monter à la Chapelle des Confessions ou de la Réconciliation (31). Elle est située au niveau de la crypte de la basilique supérieure, de l'autre côté de la route, près de l'entrée du Chemin de Croix. Des prêtres y confessent en diverses langues (une pancarte sur le confessionnal le précise). La chapelle est ouverte de 7 h à 11 h 30 et de 14 h 30 à 18 h 30.

● CRYPTE (25). En haut des rampes qui encadrent le Rosaire. La crypte fut bâtie sur le rocher arasé, ne même temps que la basilique supérieure ; mais le couloir, taillé directement dans le rocher, ne fut réalisé qu'en 1904. Premier sanctuaire achevé après les Apparitions, la première messe y fut célébrée en mai 1866 ; Bernadette y assistait. Longtemps ce fut l'endroit privilégié des confessions, c'est aujourd'hui celui de la prière silencieuse et de l'adoration du Saint Sacrement.

D —————————————————————————————

● DIORAMA. À l'entrée de l'abri Saint-Michel, scènes de sa vie par les imagiers de Notre-Dame. Offrande.

● DOMAINE DE LA GROTTE. Il comprend la Grotte et les terrains de Massabielle où furent édifiées les premières églises, le terrain compris entre le Gave et l'avenue Rémi Sempé, la montagne du Calvaire et les terrains adjacents (traversés par la route de la Forêt), enfin la prairie située face à la Grotte de l'autre côté du Gave ;

ce qui représente une surface totale de 19 hectares, dont 4,5 de surface bâtie (églises, accueils pour les malades, résidences et pavillons divers).

Le Domaine isole les sanctuaires de la vie grouillante de la cité, favorise le recueillement et le silence autour de la Grotte des Apparitions et sauvegarde le site naturel si favorable à la prière.

E _____

● **EAU DE LA GROTTE.** Pour la source de la Grotte et les paroles de la Vierge, voir page 35.

Les fontaines (9) où le pèlerin peut prendre l'eau se trouvent au pied du rocher, au-delà de la rampe droite du Rosaire, avant la Grotte. Il **convient d'y observer le silence.**

● **ÉGLISES.** Voir : Basilique (Immaculée-Conception, Rosaire, saint Pie X), Chapelles.

L'église paroissiale, qui n'est pas celle que connut Bernadette, fut construite à partir de 1875 ; elle renferme les fonts baptismaux où Bernadette fut baptisée en 1844 et le tombeau (dans la crypte) du curé Peyramale.

● La **NOUVELLE ÉGLISE SAINTE BERNADETTE**, construite sur les plans de l'architecte Felix (29) et inaugurée le 25 mars 1988, se trouve dans la prairie, en face des ponts jumeaux qui permettent de traverser le Gave. Elle peut être séparée en deux lieux contenant chacun plus de 2000 personnes. Dans toute son extension, elle peut recevoir 5000 pèlerins, dont 300 malades en voiturettes ou en brancards.

● **ÉGLISE SAINT JOSEPH (30).** C'est la chapelle de l'Accueil Notre-Dame édifiée en 1968 sur les plans de l'architecte Pierre Vago.

● **ENFANTS.** Voir : Jeunes, Garderie d'enfants.

● **ESPACE VIE ET FOI (39).** Voir : mouvements et services.

● **ESPLANADE.** De la ville on y accède soit par la porte Saint Michel (1) (donnant sur le boulevard de la Grotte), soit par la porte Saint Joseph (2).

Une ancienne prairie a fait place à la vaste esplanade. Depuis 1877 une statue de la Vierge Couronnée préside aux rassemblements des pèlerins. Les rampes monumentales permettent d'accéder à la partie supérieure des Sanctuaires, ainsi qu'un petit chemin tracé parallèlement à la rampe gauche.

● **EXPOSITIONS.** Pour l'exposition missionnaire, voir : Missions. Pour le Gemmail, voir ce mot. Des expositions temporaires se tiennent au rez-de-chaussée du Centre d'Animation Pastorale (13).

F _____

● **FONTAINES (9).** Voir : Eau de la Grotte.

G _____

● **GARDERIE D'ENFANTS.** Derrière l'Accueil Sainte Bernadette, sous l'Hospitalet (34). Passer à la Prairie, rive droite du Gave.

● GARDES DU DOMAINE. Dépendants de l'Œuvre de la Grotte, ils assurent le service d'ordre et la surveillance du Domaine.

● GARES. La gare S.N.C.F. est en haut de la ville : des Sanctuaires, sortir par la porte Saint Michel et monter le boulevard de la Grotte, ou bien prendre l'autobus à la porte Saint Joseph.
Une gare routière se trouve dans le haut de la ville, non loin de l'Hôtel de Ville (voir sur le plan page 56). Pour les excursions, la gare routière se trouve Esplanade du Paradis, juste après avoir traversé le Gave au Pont Vieux.

● GEMMAIL. Au sous-sol du Musée Bernadette (42), exposition du Gemmail (Art sacré). Au 72, rue de la Grotte, Musée du Gemmail (entrée gratuite ; isites guidées sur demande). Tél. 05.62.94.13.15.

● GROTTE DES APPARITIONS (8). Au-delà de la rampe droite du Rosaire. Voir page 35. **C'est avant tout le lieu de la prière, de la méditation et du silence.**
Voir aussi : Eau de la Grotte, Messes.

H _____

● HANDICAPÉS. Près du Pavillon Missionnaire (39), Permanence d'accueil des personnes handicapées, malades, de leurs familles et amis. On met en garde le pèlerin contre la vente de revues prétendument pour l'aide aux Handicapés.

● HÉMICYCLE. A droite de la nouvelle église Sainte Bernadette (19), au premier étage, face aux ponts jumeaux. Il peut contenir 500 personnes.

● HORAIRES. Les horaires généraux sont affichés aux portes du Domaine, sous les arcades de la rampe de droite du Rosaire, à l'entrée des basiliques ; les horaires du lendemain sont affichés vers 19 heures.
Pour les rencontres propres aux pèlerinages organisés, voir les tableaux d'affichage particuliers à gauche du chemin entre la Vierge Couronnée et la porte Saint Joseph, ou s'adresser aux Permanences des Pèlerinages (14).

● HOSPITALITÉ NOTRE-DAME DE LOURDES. Cette Association de personnes bénévoles est au service des malades en pèlerinage à Lourdes ; elle contribue aussi au service d'ordre dans les sanctuaires (signe distinctif des responsables : les bretelles de cuir). Bureau sous la rampe droite du Rosaire (36). Tél 05.62.94.00.27. service d'hébergement des brancardiers à l'Abri Saint-Michel, près de la porte Saint-Michel. Foyer des Jeunes Hospitaliers.
Nombre de pèlerinages organisés ont leur Hospitalité propre. Pour s'y faire inscrire, s'adresser aux permanences respectives (14).

● HÔTELS. Pour tous renseignements, s'adresser à l'Office municipale du Tourisme, Place du Champ-Commun (Tél. 05.62.94.15.64) ; de juillet à septembre, un affichage permanent y indique les hôtels disposant de chambres libres. On se souviendra utilement que le prix de pension est plus avantageux que le prix à la journée.

En cas de difficulté particulière, s'adresser au Syndicat des Hôteliers de Lourdes, 2, av. Mar. Foch. 65100 Lourdes. Tél. 05.62.94.35.41.

● JEUNES.
De la fin juin à la mi-septembre :
Accueil et information à la permanence Jeunes au "FORUM IN-FORMATION" (12) près de la Vierge Couronnée. On y trouve notamment un programme hebdomadaire d'activités et le livret du pèlerin "Jeunes à Lourdes".

Les samedis soirs à 20 h 45, à la nouvelle église Sainte Bernadette (29) : Messe Internationale des Jeunes.

Aux Rotondes sur la Prairie (23), on trouve : un lieu d'adoration silencieuse ; un lieu de lecture et de dialogue ; prière ou Eucharistie à 16 h 30.

Camp des Jeunes (camping et hébergement en dur) (46), rue Mgr Rodhain (à côté de la Cité Saint-Pierre). S'adresser toujours au « Service-Jeunes ». Tél. 05.62.42.79.95.

En toutes saisons : pour être hébergé, pour servir à Lourdes, orga-niser un pèlerinage, ou pour faire partie de la Communauté d'Accueil « Jeunes à Lourdes », s'adresser au Service-Jeunes – Sanctuaires Notre-Dame – 65100 Lourdes. Tél. 05.62.42.78.78 – Poste 7838.

● JOURNAL DE LA GROTTE. Voir : LOURDES MAGAZINE (43).

L ————————————————————————————————

● LIBRAIRIE (43). Au rez-de-chaussée du Centre d'Animation Pastorale. Vente de livres et de chants édités par l'Œuvre de la Grotte, manuel du pèlerin, disques, cassettes-audio et vidéo-cassettes. Ouvert de 8 h à 12 h et de 14 h à 18 h sauf le dimanche.

● LOURDES EN 1858. Voir : Musées.

● LOURDES MAGAZINE. Organe officiel de l'Œuvre de la Grotte. Information sur la vie des Sanctuaires, études sur le Mes-sage de Lourdes, textes de sermons, conférences... Permanence au C.A.P., près de l'Accueil des Pèlerins. Abonnements à régler au C.C.P. Toulouse 274-77 H. Économe de l'Œuvre de la Grotte.

M ————————————————————————————————

● MAISON NATALE DE BERNADETTE, MAISON PATER-NELLE. Voir page 58.

● MAISON DES CHAPELAINS. Avenue Mgr Théas, au-delà de la chapelle de la Réconciliation. Tél. 05.62.42.78.78. Voir aussi : Œuvre de la Grotte.

● MALADES ET HANDICAPÉS. Les pèlerins malades ou handicapés faisant partie des pèlerinages organisés sont hébergés soit à l'Ancien Accueil Notre-Dame, soit au Nouvel Accueil Notre-Dame, soit à l'Accueil Saint-Frai. Pour leur rendre visite, s'adresser aux permanences établies dans ces maisons. L'Accueil Saint-Frai reçoit les pèlerins malades isolés. Tél. 05.62.94.75.15. Il loue des voiturettes pour infirmes. Pour aider aux déplacements des malades, proposer ses services aux permanences de ces maisons ou au Bureau de l'Hospitalité.

Des salles sont accessibles aux voiturettes des malades. Souvenirs de Bernadette et Exposition du Gemmail au Musée Bernadette, Exposition Missionnaire, etc. (39-42).

En cas de malaise, les pèlerins peuvent s'adresser aux postes de secours ou dispensaires qui existent dans les maisons d'hébergement de malades. Mais, s'ils tombent malades, c'est aux docteurs de la ville qu'il leur faut s'adresser (demander à la réception de l'hôtel).

● MESSES. Des panneaux à l'entrée du Domaine indiquent le lieu et l'heure des messes célébrées en diverses langues selon les pèlerinages présents.

Messes quotidiennes :
- Le matin : à la Grotte et dans les basiliques. Le dimanche et le mercredi, une messe rassemble tous les pèlerins à la basilique Saint Pie X, à 9 heures.
- Le soir : à la basilique du Rosaire, à 18 heures.

Les prêtres peuvent concélébrer, à condition d'apporter aube et étole, et d'arriver une dizaine de minutes avant l'heure. Ils peuvent aussi célébrer individuellement dans les basiliques, en dehors des heures de célébration commune, ou à la Crypte.

Pour les groupes de pèlerins, s'adresser au service "Groupes" au "Forum Information" (12). Offrandes pour des messes : s'adresser aux Bureaux des Messes sous la rampe de droite du Rosaire.

● MIRACLES ET GUERISONS. Voir page 52. Voir aussi : Bureau Médical.

● MISSIONS. Au Pavillon Missionnaire (39) de mai à octobre (de 9 h à 12 h et de 14 h à 19 h). L'exposition présente "la mission de l'Église dans le monde moderne" et propose un audio-visuel.

● MOULIN DE BOLY, MOULIN LACADÉ. Voir page 58.

● MOUVEMENTS ET SERVICES D'ÉGLISE. De nombreux mouvements ou services d'Église ont une permanence à Lourdes : essentiellement dans les bâtiments autour du Pavillon Missionnaire (39), entre l'Espace Vie et Foi et le Musée Bernadette (42). En voici la liste actuelle :
- Action Catholique adultes et jeunes des mondres ouvrier et rural, des milieux indépendants : à l'Espace Vie et Foi.
- Légion de Marie : dans le bâtiment de même nom, à droite du Musée Bernadette.

- Mouvement Eucharistique des Jeunes (39), à proximité du Musée Bernadette.
- Pastorale Familiale : (40).
- Vocations : au Pavillon Missionnaire (39) : exposition, documents, carrefours, veillée de partage le mercredi à 20 h 30.
- Pax Christi : derrière le Musée Bernadette ; le Centre de Rencontres Internationales est 65, route de la Forêt, au-delà des Sanctuaires.
- Secours Catholique (48) : en face de la Porte Saint-Joseph.
- Unité des Chrétiens (Œcuménisme) : près du Pavillon Missionnaire.
- Mouvement chrétien des Retraités (Vie Montante) (39) : dans le bâtiment de la salle Notre-Dame.
- Catéchuménat (41) : sous la rampe à gauche de l'Esplanade. Ceux qui sont en recherche de Dieu peuvent y partager leurs expériences et y trouver encouragement et soutien.
- CCFD : Comité catholique contre la faim et pour le développement ; 46, rue du bourg. Éducation à la solidarité.

● MUSÉE BERNADETTE (42). Non loin du Pavillon Missionnaire ; accès par l'avenue Rémi-Sempé, ou directement de la basilique Saint Pie X en sortant par les portes sous le grand orgue. Au rez-de-chaussée, salle de présentation du Message de Lourdes et des souvenirs de Bernadette, plan en relief du lieu des Apparitions en 1858, liste des miraculés, etc. (Entrée gratuite). Salle audiovisuelle (Mgr Théas). Au sous-sol, exposition du Gemmail et expositions temporaires.

● MUSÉE DU GEMMAIL. Voir : Gemmail.

● MUSÉE DU LOURDES 1858, appelé "le Petit Lourdes" : voir page 60.

O ───────────────────────────────

● OBJETS PERDUS. Dans le bâtiment des Permanences des Pèlerinages (14). Pour les objets perdus en ville, s'adresser au Commissariat de Police, rue Baron-Duprat (derrière le Château Fort). Tél. 05.62.94.02.08.

● ŒUVRE DE LA GROTTE. La responsabilité générale du Pèlerinage est assurée par l'Évêque de Tarbes et Lourdes. Il a délégué sur place des Chapelains, qui sont des prêtres diocésains, des Pères de Garaison et autres. Parmi eux sont représentées les principales langues. Des Frères de Ploërmel sont chargés des Bureaux de Messes.
Adresse : Œuvre de la Grotte, avenue Mgr Théas, 65100 Lourdes (C.C.P. Toulouse 274-77 H, Econome de...).

● OFFICE PYRÉNÉEN DU TOURISME. C'est le nom du Syndicat d'Initiative : place du Champ-Commun, 65100 Lourdes (Tél. 05.62.94.15.64).

● OFFRANDES POUR LES SANCTUAIRES. Elles peuvent être déposées aux bureaux de l'Œuvre de la Grotte ou dans les troncs (au besoin avec un mot d'explication). Pour les malades, bureau à l'entrée de l'Ancien Accueil Notre-Dame (33).

● OFFRANDES POUR DES MESSES A CÉLÉBRER. Voir: Messes.

P
_____

● PARKINGS. Voir la carte de Lourdes, page 56. Le parking le plus proche des Sanctuaires est celui de la rue Mgr Schoepffer, non loin du Cinéma Bernadette (payant).

● PASTORALE FAMILIALE (40). Voir: Mouvements et Services.

● PAVILLON DE LA VOCATION (39). Voir: Mouvements et Services.

● PAVILLON MISSIONNAIRE (39). Voir: Missions.

● PAVILLONS – RENCONTRES (39). Voir mouvements et services d'Église.

● PAX CHRISTI. Désigne soit la chapelle du Saint Sacrement dans la basilique Saint Pie X (28), soit la Permanence du mouvement (39), soit le Centre de Rencontres Internationales (voir: Mouvements et Services).

● PÈLERINS D'UN JOUR : Aux pèlerins et visiteurs de passage est proposée une journée complète de pèlerinage, chaque jour, du 1er juillet au 30 septembre ; il suffit de se présenter à l'heure fixée devant la statue de la Vierge Couronnée (11) : 9 h le matin, 14 h 30 l'après-midi. Ce programme propose : présentation du Message de Lourdes, chemin de croix, messe, carrefours ou visites guidées dans le Domaine ou en ville, procession...

● PERMANENCES DES DIRECTIONS DE PÈLERINAGES (14). A droite de la porte Saint-Joseph en contrebas. Les pèlerins y trouvent le secrétariat de leur pèlerinage. Les horaires des célébrations propres à ces pèlerinages sont indiquées sur un tableau à proximité du bâtiment.

● PERMANENCES DES MOUVEMENTS ET SERVICES. Voir: Mouvements.

● PERMANENCES DIVERSES. Information Touristes, Isolés, Groupes, Bureau Médical, Hospitalité, Jeunes, etc. Se renseigner au "Forum Information" (12).

● PIQUE-NIQUE (16 - 17). Dans la prairie au-delà du second pont le long du Gave. La Forêt de Lourdes, sur la route de la Forêt au-delà des Sanctuaires, offre également un cadre de verdure attrayant.

● PISCINES (10). Au-delà de la Grotte, le long du Gave, des bâtiments abritent les piscines où les malades (et les bien portants) peuvent se baigner dans l'eau amenée de la Grotte. Des piscines sont réservées aux hommes, d'autres aux femmes. De 9 h à 11 h et de 14 h à 16 h en semaine ; de 14 h 30 à 16 h le dimanche.

● **POINTS DE RENCONTRES.** Un point de rencontre commode est la Vierge Couronnée (11) par où passent tous les pèlerins, qu'ils entrent par la porte Saint-Joseph ou par la porte Saint Michel.

● **PORTE SAINT JOSEPH** (2). Accès au Domaine de la Grotte en venant de la *rue* de la Grotte (Pont Vieux), de l'avenue Bernadette Soubirous et du quartier Peyramale. Tout à côté se trouve l'Accueil général pour toutes informations.

● **PORTE SAINT MICHEL** (1). Accès au Domaine de la Grotte en venant du *boulevard* de la Grotte par le Pont St-Michel.

● **POSTES DE SECOURS.** À l'Ancien Accueil Notre-Dame (33), 1er hall « Urgences ». À la basilique Saint Pie X, durant les offices. Au Nouvel Accueil Notre-Dame, près de la Prairie.

● **PRAIRIE DE LA GROTTE.** Deux ponts permettent de passer dans la Prairie en face de la Grotte, de l'autre côté du Gave ; ils sont fermés la nuit.

● **PRÊTRES.** La Résidence Saint Thomas d'Aquin, 20 rue du Dr Boissarie (tél. 05.62.42.53.00) accueille les prêtres pèlerins.
Pour la célébration de la Messe, voir : Messes.
Pour obtenir une chapelle ou une salle, s'adresser au Secrétaire Général, au Centre d'Animation Pastorale, de 17 à 18 heures.

● **PROCESSION AUX FLAMBEAUX.** Tous les jours à 20 h 45. On se rassemble devant la Grotte et le long du Gave, derrière les enseignes lumineuses des différents pèlerinages.

● **PROCESSION DU SAINT SACREMENT.** Tous les jours à 16 h 30. Le départ se fait de la Grotte ; la procession fait le tour de l'esplanade et se termine devant le Rosaire. En cas de mauvais temps ou de grosse chaleur, la procession se déroule dans la basilique souterraine Saint Pie X.

R ⎯⎯⎯⎯⎯⎯⎯⎯⎯⎯⎯⎯⎯⎯⎯⎯⎯⎯⎯⎯⎯⎯⎯⎯

● **RENSEIGNEMENTS.** Pour des questions se rapportant au Pèlerinage, voir : Forum Information (12). Pour les hôtels et le tourisme, voir : Office Pyrénéen du Tourisme.

● **ROTONDES.** Voir : Jeunes.

● **ROUTE DE BARTRÈS.** A certains jours, le Service Jeunes (12) organise une route vers Bartrès pour les jeunes. Beaucoup de Pèlerinages le font aussi pour leurs propres jeunes.

74

● SALLE NOTRE-DAME (20). Derrière le Musée Bernadette, non loin du Pavillon Missionnaire. Accès soit par l'avenue Rémi Sempé, soit directement de la basilique Saint Pie X en passant par les portes sous le grand orgue.

● SALLES DE RÉUNION.
- Salles Jean XXIII (2e étage) ; Mgr Choquet, Mgr Schoepffer, Cardinal Gerlier, Mgr Poirier, Père Sempé (1er étage) : à droite de la Vierge Couronnée, dans le bâtiment : Forum Information (12).
- Salle Mgr Laurence : avenue Mgr Théas, au-dessus de la chapelle de la Réconciliation (21).
- Salle Notre-Dame (20) : voir ce mot.
- Salle Mgr Théas : (22).
- Salles de la nouvelle église Sainte-Bernadette (29).

● SECOURS CATHOLIQUE. Voir : Cité Saint Pierre. Permanence (48).

● SERVICE D'ENTR'AIDE (ENTR'AIDE SAINT-MARTIN). Pour l'accueil des pèlerins nécessiteux ou se trouvant dans des situations difficiles. Sur le côté droit du bâtiment : Forum Information (12).

● SERVICES PUBLICS. Aéroport de Tarbes-Ossun, à 9 km de Lourdes, tél. 05.62.96.27.44. Aéroport de Pau, à 40 km de Lourdes, tél. 05.62.94.02.08. Commissariat de Police, rue Baron-Duprat, tél. 05.62.94.02.08. Gare S.N.C.F., renseignements, tél. 05.62.37.50.50, réservations, tél. 05.62.94.10.47. Gare routière, tél. 05.62.94.65.65. Gendramerie, tél. 05.62.94.66.66. Hôtel de Ville, tél. 05.62.94.65.65. Office pyrénéen du Tourisme, Place du Champ-Commun, tél. 05.62.94.15.64. P et T, 2, chaussée Maransin, renseignements, tél. 05.62.94.00.00. Presbytère de Lourdes, tél. 05.62.94.04.06. Taxis, place de la Gare, tél. 05.62.94.31.30.

● TAXIS. Il y a une station de taxis à la porte Saint Joseph (2).

● TOILETTES. Sous la rampe gauche du Rosaire. Au-delà des piscines. À gauche de l'entrée du chemin de croix. À proximité de la Salle Notre-Dame et du Musée Bernadette. À la sortie du chemin de croix.

● VIERGE COURONNÉE (11). Sur l'Esplanade. Lieu de rassemblement de pèlerins. La statue est à cette place depuis 1877.

● VISITES AUX MALADES. Voir : Malades.

● VISITES GUIDÉES. Du 1er juillet au 30 septembre : départ de la Vierge Couronnée (11) à 17 h 30.

● VOITURETTES POUR MALADES. Voir : Malades.

en prière
à Lourdes

prières personnelles

célébrations

prière
personnelle

Textes bibliques

prions avec les psaumes

prières usuelles

**prions avec Marie
à la lumière de l'Évangile**

**avec Bernadette
prenons notre Chapelet**

prières

Aimer Dieu par dessus tout

Réponse à l'amour créateur du Seigneur ; c'est le texte fondateur de la Loi, toujours valable aujourd'hui.

Ecoute, Israël :
le Seigneur notre Dieu est l'Unique.
Tu aimeras le Seigneur ton Dieu de tout ton cœur,
de toute ton âme et de toute ta force.
Ces commandements que je te donne aujourd'hui
resteront gravés dans ton cœur.
Tu les rediras à tes fils,
tu les répèteras sans cesse,
à la maison ou en voyage,
que tu sois couché ou que tu sois levé ;
tu les attacheras à ton poignet comme un signe,
tu les fixeras comme une marque sur ton front ;
tu les inscriras à l'entrée de ta maison
et aux portes de tes villes.

(Deutéronome 6, 4-9)

Les béatitudes.

Des foules suivent Jésus : des badauds, mais aussi des disciples engagés à sa suite, des bien-portants, mais aussi des malades. Ils viennent de tous les horizons. La plupart sont défavorisés par la vie.
Les foules de Lourdes n'ont-elles pas le même visage ?
Dans le cœur de beaucoup, les paroles de Jésus apportent un surcroît d'espérance. Et pourtant, il faut s'entendre dire les exigences du Royaume, les « Béatitudes ».

Quand Jésus vit toute la foule qui le suivait, il gravit la montagne.
Il s'assit et ses disciples s'approchèrent.
Alors, ouvrant la bouche, il se mit à les instruire.
Il disait :
« Heureux les pauvres de cœur :

Le Royaume des cieux est à eux!
Heureux les doux :
Ils obtiendront la terre promise!
Heureux ceux qui pleurent :
Ils seront consolés!
Heureux ceux qui ont faim et soif de la justice :
Ils seront rassasiés!
Heureux les miséricordieux :
Ils obtiendront miséricorde!
Heureux les cœurs purs :
Ils verront Dieu!
Heureux les artisans de paix :
Ils seront appelés fils de Dieu!
Heureux ceux qui sont persécutés pour la justice :
Le Royaume des cieux est à eux!
Heureux serez-vous si l'on vous insulte,
si l'on vous persécute
et si l'on dit faussement toute sorte de mal contre vous,
à cause de moi.
Réjouissez-vous, soyez dans l'allégresse,
car votre récompense sera grande dans les cieux! »

(Matthieu 5, 1-12)

Reconnaître le Christ

L'écoute de la Parole du Christ et le partage de son pain sont les moyens privilégiés de la rencontre avec le Ressuscité. A l'exemple des deux disciples, saurons-nous avoir un cœur brûlant d'amour pour l'accueillir et témoigner.

Le troisième jour après la mort de Jésus,
deux disciples faisaient route
vers un village appelé Emmaüs,
à deux heures de marche de Jérusalem,
et ils parlaient ensemble de ce qui s'était passé.
Or, tandis qu'ils parlaient et discutaient,
Jésus lui-même s'approcha,
et il marchait avec eux.
Mais leurs yeux étaient aveuglés,
et ils ne le reconnaissaient pas.
Jésus leur dit :
"De quoi causiez-vous donc, tout en marchant?"
Alors ils s'arrêtèrent, tout tristes.
L'un des deux, nommé Cléophas, répondit :

"Tu es bien le seul,
de tous ceux qui étaient à Jérusalem,
à ignorer les événements de ces jours-ci."
Il leur dit :
"Quels événements ?"
Ils lui répondirent :
"Ce qui est arrivé à Jésus de Nazareth :
cet homme était un prophète
puissant par ses actes et ses paroles
devant Dieu et devant tout le peuple.

Les chefs des prêtres et nos dirigeants l'ont livré,
ils l'ont fait condamner à mort et ils l'ont crucifié.
Et nous qui espérions qu'il serait le libérateur d'Israël !
Avec tout cela,
voici déjà le troisième jour qui passe depuis que c'est arrivé.
A vrai dire, nous avons été bouleversés
par quelques femmes de notre groupe.

Elles sont allées au tombeau de très bonne heure,
et elles n'ont pas trouvé son corps ;
elles sont même venues nous dire
qu'elles avaient eu une apparition :
des anges, qui disaient qu'il est vivant.
Quelques-uns de nos compagnons sont allés au tombeau,
et ils ont trouvé les choses comme les femmes l'avaient dit :
mais lui, ils ne l'ont pas vu."
Il leur dit alors :
"Vous n'avez donc pas compris !
Comme votre cœur est lent à croire tout ce qu'ont dit les
prophètes !
Ne fallait-il pas que le Messie
souffrit tout cela pour entrer dans sa gloire ?"
Et, en partant de Moïse et de tous les prophètes,
il leur expliqua, dans toute l'Écriture,
ce qui le concernait.
Quand ils approchèrent du village où ils se rendaient,
Jésus fit semblant d'aller plus loin.
Mais ils s'efforcèrent de le retenir :
"Reste avec nous :
le soir approche et déjà le jour baisse."
Il entra donc pour rester avec eux.
Quand il fut à table avec eux,
il prit le pain,
dit la bénédiction,
le rompit
et le leur donna.

Alors leurs yeux s'ouvrirent, et ils le reconnurent,
mais il disparut à leurs regards.
Alors ils se dirent l'un à l'autre :
"Notre cœur n'était-il pas brûlant en nous,
tandis qu'il nous parlait sur la route,
et qu'il nous faisait comprendre les Écritures ?"
A l'instant même, ils se levèrent et retournèrent à Jérusalem.
Ils y trouvèrent réunis les onze Apôtres et leurs compagnons,
qui leur dirent :
"C'est vrai !
le Seigneur est ressuscité :
il est apparu à Simon-Pierre."
A leur tour, ils racontaient ce qui s'était passé sur la route,
et comment ils l'avaient reconnu
quand il avait rompu le pain.

(Luc 24, 13-25)

Hymne à la charité.

L'amour de Dieu et l'amour fraternel sont inséparables. C'est par des actes concrets que je manifeste mon amour pour les autres.
Aimer dans la charité, selon le cœur de Dieu, cela m'engage profondément.

Frères,
L'amour prend patience ;
l'amour rend service ;
l'amour ne jalouse pas ;
il ne se vante pas, ne se gonfle pas d'orgueil ;
il ne fait rien de malhonnête ;
il ne cherche pas son intérêt ;
il ne s'emporte pas ;
il n'entretient pas de rancune ;
il ne se réjouit pas de ce qui est mal,
mais il trouve sa joie dans ce qui est vrai ;
il supporte tout, il fait confiance en tout,
il espère tout, il endure tout.
L'amour ne passera jamais.
Un jour, les prophéties disparaîtront, le don des langues cessera,
la connaissance que nous avons de Dieu disparaîtra.
En effet, notre connaissance est partielle,
nos prophéties sont partielles.

Quand viendra l'achèvement, ce qui est partiel disparaîtra.
Quand j'étais enfant, je parlais comme un enfant,
je pensais comme un enfant, je raisonnais comme un enfant.
Maintenant que je suis un homme,
j'ai fait disparaître ce qui faisait de moi un enfant.
Nous voyons actuellement une image obscure dans un miroir,
ce jour-là, nous verrons face à face.
Actuellement, ma connaissance est partielle;
ce jour-là, je connaîtrai vraiment, comme Dieu m'a connu.
Ce qui demeure aujourd'hui,
c'est la foi, l'espérance et la charité;
mais la plus grande des trois, c'est la charité.

(Saint Paul - 1re Épître aux Corinthiens 13, 4-13)

Hymne au Christ humilié et exalté

Le mystère de notre salut se réalise en Jésus Sauveur et Seigneur.
Debout au pied de la Croix, comme la Vierge Marie, contemplons Jésus qui meurt pour rétablir l'Alliance.

Frères, ayez entre vous les dispositions
que l'on doit avoir dans le Christ Jésus:
lui qui était dans la condition de Dieu,
il n'a pas jugé bon de revendiquer son droit
d'être traité à l'égal de Dieu;
mais au contraire, il se dépouilla lui-même
en prenant la condition de serviteur.
Devenu semblable aux hommes
et reconnu comme un homme à son comportement,
il s'est abaissé lui-même
en devenant obéissant jusqu'à mourir,
et à mourir sur une croix.
C'est pourquoi Dieu l'a élevé au-dessus de tout;
il lui a conféré le Nom
qui surpasse tous les noms,
afin qu'au nom de Jésus,
aux cieux, sur terre et dans l'abîme,
tout être vivant tombe à genoux,
et que toute langue proclame:
"Jésus Christ est le Seigneur",
pour la gloire de Dieu le Père.

(Saint Paul: Epître aux Philippiens 2, 5-11)

Appelés à la joie et à l'espérance

Le baptême a fait de nous des êtres nouveaux. Cette nouveauté doit transfigurer toute notre vie. Au sein même des épreuves qui peuvent nous marquer, l'espérance est répandue en nos cœurs par la Résurrection du Christ. Par lui et avec lui, nous vivrons ; c'est là, notre force et notre joie.

Béni soit Dieu,
le Père de Jésus Christ notre Seigneur :
dans sa grande miséricorde,
il nous a fait renaître grâce à la résurrection de Jésus Christ
pour une vivante espérance,
pour l'héritage qui ne connaîtra
ni destruction, ni souillure, ni vieillissement.
Cet héritage vous est réservé dans les cieux,
à vous que la puissance de Dieu garde par la foi,
en vue du salut prêt à se manifester à la fin des temps.
Vous en tressaillez de joie,
même s'il faut que vous soyez attristés,
pour un peu de temps encore, par toutes sortes d'épreuves ;
elles vérifieront la qualité de votre foi
qui est bien plus précieuse que l'or,
(cet or, voué pourtant à disparaître,
qu'on vérifie par le feu).
Tout cela doit donner à Dieu louange, gloire et honneur
quand se révèlera Jésus Christ,
lui que vous aimez sans l'avoir vu,
en qui vous croyez sans le voir encore ;
et vous tressaillez d'une joie inexprimable
qui vous transfigure,
car vous allez obtenir votre salut,
qui est l'aboutissement de votre foi.

(Saint Pierre, 1re Epître 1, 3-9)

Comme des pierres vivantes

L'Église est le peuple de Dieu dont tous les membres, par le baptême, participent au sacerdoce royal du Christ.

Frères, vous avez goûté combien le Seigneur est bon,
comme dit l'Écriture :
Approchez-vous de lui :
il est la pierre vivante,
que les hommes ont éliminée,

mais que Dieu a choisie
parce qu'il en connaissait la valeur.
Vous aussi, soyez les pierres vivantes
qui servent à construire le temple spirituel,
et vous serez le sacerdoce saint,
présentant des offrandes spirituelles
que Dieu pourra accepter
à cause du Christ Jésus.
Oui, c'est vous qui êtes la race choisie,
le sacerdoce royal,
la nation sainte,
le peuple qui appartient à Dieu ;
vous êtes donc chargés d'annoncer les merveilles
de celui qui vous a appelés des ténèbres
à son admirable lumière.
Car autrefois vous n'étiez pas son peuple,
mais aujourd'hui vous êtes le peuple de Dieu.
Vous étiez privés d'amour, mais aujourd'hui Dieu vous a montré
son amour.

(Saint Pierre 1re Epître 2, 2-5, 9-10)

Tous apôtres

*En tous temps, la mission de l'Église demeure celle que le Christ
confia à ses apôtres avant de les quitter : "Allez, enseignez et
baptisez".*

Au temps de Pâques,
les onze disciples s'en allèrent en Galilée,
à la montagne où Jésus leur avait ordonné de se rendre.
Quand ils le virent, ils se prosternèrent,
mais certains eurent des doutes.
Jésus s'approcha d'eux et leur adressa ces paroles :
"Tout pouvoir m'a été donné
au ciel et sur la terre.
Allez donc !
De toutes les nations faites des disciples,
baptisez-les au nom du Père, et du Fils, et du Saint Esprit ;
et apprenez-leur
à garder tous les commandements que je vous ai donnés.
Et moi, je suis avec vous
tous les jours jusqu'à la fin du monde."

(Mt 28, 16-20)

En portant la souffrance de ceux qui n'en peuvent plus...

Psaume 12

Combien de temps, Seigneur, vas-tu m'oublier.
Combien de temps me cacher ton visage ?
Combien de temps aurais-je l'âme en peine
et le cœur attristé chaque jour ?

Combien de temps
mon ennemi sera-t-il le plus fort ?

Regarde, réponds-moi, Seigneur mon Dieu !
Donne la lumière à mes yeux.
Garde-moi du sommeil de la mort.
Que l'adversaire ne crie pas "Victoire".
Que l'ennemi n'ait pas la joie de ma défaite !

Moi, je prends appui sur ton amour
que mon cœur ait la joie de ton salut !
Je chanterai le Seigneur
pour le bien qu'il m'a fait.

Prière

Pour sauver de l'Angoisse ceux qui souffrent, tu as envoyé, Seigneur, ton propre Fils dans le monde, et il est devenu l'homme des douleurs ; Entends notre prière et la plainte des malades, ne laisse pas le mal les détourner de toi ; montre-leur que la souffrance ne peut pas être vaine, s'ils l'endurent dans la Passion du Christ, pour leur salut et celui de leurs frères.

Lorsque toute souffrance devient celle de Jésus et trouve un sens

Psaume 21

Mon Dieu, mon Dieu
pourquoi m'as-tu abandonné ?
Le salut est loin de moi,
loin des mots que je rugis

Mon Dieu, j'appelle tout le jour
et tu ne réponds pas
même la nuit,
je n'ai pas de repos.

Toi, pourtant, tu es saint
toi, qui habites les hymnes d'Israël
C'est en toi que nos pères espéraient
Ils espéraient et tu les délivrais

Et moi, je suis un ver, pas un homme
raillé par les gens, rejeté par le peuple.

A toi je fus confié dès ma naissance
dès le ventre de ma mère, tu es mon Dieu.

Ne sois pas loin : l'angoisse est proche
je n'ai personne pour m'aider
Je suis comme l'eau qui se répand
tous mes membres se disloquent
Tu me mènes à la poussière de la mort.

Mais toi, Seigneur, ne sois pas loin
ô ma force, viens vite à mon aide !

Tu m'as répondu !
Et je proclame ton nom devant mes frères
je te loue en pleine assemblée

Vous qui le craignez. louez le Seigneur
Car il n'a pas rejeté.
il n'a pas reprouvé le malheureux dans sa misère
il ne s'est pas voilé la face devant lui
mais il entend sa plainte
Tu seras ma louange dans la grande assemblée
et moi, je vis pour lui.

Prière

Père, au cours de notre vie, nous rencontrons la peine, la fatigue, l'échec ;
Fais que nous sachions alors nous souvenir de la Croix ;
Accablés, épuisés, terrassés, enracine-nous totalement dans la victoire du Ressuscité, lui qui essuiera toutes les larmes de notre vie, Jésus Christ, ton Fils, qui nous donne la Paix.

Psaume 22

Le seigneur est mon berger
Je ne manque de rien
Sur des prés d'herbe fraîche
il me fait reposer

Il me mène vers les eaux tranquilles
et me fait revivre
Il me conduit par le juste chemin
pour l'honneur de son nom

Si je traverse les ravins de la mort
je ne crains aucun mal
Car tu es avec moi
ton bâton me guide et me rassure

Tu prépares la table pour moi
devant mes ennemis
Tu répands le parfum sur ma tête
ma coupe est débordante

Grâce et bonheur m'accompagnent
tous les jours de ma vie
J'habiterai la maison du Seigneur
pour la durée de mes jours.

Prière

Seigneur Jésus, tu es toujours uni à ton Père,
Aide-moi à le reconnaître dans la beauté de la nature,
dans la main fraternellement tendue, dans le sourire d'autrui,
dans le silence et dans ma vie que tu connais, même si je ne
comprends pas où tu m'entraînes.

Que Dieu me guide. mon espérance !

Psaume 24

Vers toi, Seigneur, j'élève mon âme
vers toi, mon Dieu

Je m'appuie sur toi : épargne-moi la honte
Pour qui espère en toi, pas de honte
mais honte et déception pour qui trahit.

Seigneur, enseigne-moi tes voies
fais-moi connaître ta route
Dirige-moi par ta vérité, enseigne-moi
Rappelle-toi, Seigneur, ta tendresse
ton amour qui est de toujours.
Oublie les révoltes, les péchés de ma jeunesse
dans ton amour, ne m'oublie pas
Il est droit, il est bon, le Seigneur
lui qui montre aux pécheurs le chemin.
Les voies du Seigneur sont amour et vérité
pour qui veille à son alliance et à ses lois.

A cause de ton nom, Seigneur.
pardonne ma faute, elle est grande.
J'ai les yeux tournés vers le Seigneur :
regarde et prends pitié de moi,
de moi, qui suis seul et misérable.

Je m'abrite en toi :
Droiture et perfection veillent sur moi
sur moi qui t'espère !

Prière

Seigneur notre Dieu, par Jésus, tu nous a révélé ton Amour et ta Miséricorde,
Pardonne nos péchés, oublie nos révoltes,
Remets nous sur la voie droite, desserre l'angoisse de nos cœurs, comble notre attente, pour que notre espérance ne soit pas déçue à jamais.

Psaume 30

En toi, Seigneur, j'ai mon refuge;
garde-moi d'être humilié pour toujours.
Sois le rocher qui m'abrite,
la maison fortifiée qui me sauve.

En tes mains je remets mon esprit;
tu me rachètes, Seigneur, Dieu de vérité.

Tu ne m'as pas livré aux mains de l'ennemi;
devant moi, tu as ouvert un passage.

Soyez forts, prenez courage,
vous tous qui espérez le Seigneur.

« *En ce monde, vous faites l'expérience de l'adversité, mais soyez pleins d'assurance, j'ai vaincu le monde.* »
(Jean 16, 33)

Prière

Marche devant nous, Seigneur, toi qui es notre avenir.
Fais-nous chercher des voies nouvelles.
Donne-nous la certitude
qu'aujourd'hui encore ta force est à l'œuvre
et que tu renouvelles constamment le monde,
par ton Christ Notre Seigneur.

Psaume 33

Je bénirai le Seigneur en tout temps,
sa louange sans cesse à mes lèvres.
Je me glorifierai dans le Seigneur :
que les pauvres m'entendent et soient en fête!

Magnifiez avec moi le Seigneur,
exaltons tous ensemble son nom.
Je cherche le Seigneur, il me répond :
de toutes mes frayeurs, il me délivre.

Goûtez et voyez : le Seigneur est bon!
Heureux qui trouve en lui son refuge!

Parole de Jésus

Père, Seigneur du ciel et de la terre,
Je proclame ta louange :
ce que tu as caché aux sages et aux savants,
tu l'as révélé aux tout-petits.
Oui, Père, tu l'as voulu ainsi dans ta bonté.
(Matthieu 11, 25)

Prière

Père très saint, Dieu éternel et tout-puissant,
Tu n'as pas besoin de notre louange,
et pourtant, c'est Toi,
qui nous inspires de Te rendre grâce;

nos chants n'ajoutent rien à ce que Tu es,
mais ils nous rapprochent de Toi,
par Ton Fils bien-aimé Jésus Christ.
(Préface)

Dans la maladie et quand les forces déclinent

Parole de Jésus

Venez à moi,
vous tous qui peinez sous le poids du fardeau,
et moi, je vous procurerai le repos.
(Matthieu 11, 28)

Psaume 40

Heureux qui pense au pauvre et au faible :
le Seigneur le sauve au jour du malheur!
Il le protège et le garde en vie, heureux sur la terre.
Le Seigneur le soutient sur son lit de souffrance :
si malade qu'il soit, tu le relèves.
J'avais dit : « Pitié pour moi, Seigneur,
guéris-moi, car j'ai péché contre toi! »

Avec ceux qui cherchent...

Psaume 62

Dieu, tu es mon Dieu.
Je te cherche dès l'aube
mon âme a soif de toi
après toi languit ma chair

Ton Amour vaut mieux que la vie
tu seras la louange de mes lèvres !

Toute ma vie je vais te bénir
lever les mains en invoquant ton nom.

Dans la nuit, je me souviens de toi
et je reste des heures à te parler

Oui, tu es venu à mon secours

Mon âme s'attache à toi
ta droite me soutient.

Prière

Jésus, tu as dit "Je suis la Vérité..."
Beaucoup d'hommes et de femmes cherchent la Vérité, la Paix
et la Justice, sans te connaître ;
Accorde-leur de rencontrer ton Esprit, dans ton Église,
et fais de moi un instrument de cette rencontre.

Psaume 70

Seigneur mon Dieu, tu es mon espérance,
mon appui dès ma jeunesse.
Toi, mon soutien dès avant ma naissance.

Ne me rejette pas maintenant que j'ai vieilli ;
alors que décline ma vigueur, ne m'abandonne pas.
Dieu, ne sois pas loin de moi ;
mon Dieu, viens vite à mon secours !

Et moi qui ne cesse d'espérer,
j'ajoute encore à ta louange.

Mon Dieu, tu m'as instruit dès ma jeunesse,
jusqu'à présent, j'ai proclamé tes merveilles.
Aux jours de la vieillesse et des cheveux blancs,
ne m'abandonne pas, ô mon Dieu.

Toi qui m'as fait voir tant de maux et de détresses,
tu me feras vivre à nouveau.
Et moi, je te rendrai grâce sur la harpe
    pour ta vérité, ô mon Dieu !

*A quel âge est-on vieux ? Question mal posée, qui ne comporte pas
de réponse. On est vieux quand on cesse de progresser.
Que chacun s'interroge.*
(Cardinal Saliège)

Prière

Le troisième, le quatrième âge,
c'est aisé d'en parler quand on est en activité.
Mais quand il s'agit de soi,
c'est dur de se voir diminué, à la charge des autres.
Ma vie a comporté des échecs et des chutes,
des efforts et des faiblesses,
des générosités et des négligences...

Pardon de t'avoir mal aimé, si peu recherché, Seigneur.
Garde-moi toujours en marche.
Sur la route qui monte vers toi, reste mon espérance.

Dans la détresse et la tentation.

Psaume 76

Vers Dieu, je crie mon appel!
Je crie vers Dieu : qu'il m'entende!
Au jour de la détresse, je cherche le Seigneur; +
la nuit, je tends les mains sans relâche,
mon âme refuse le réconfort.

Je me souviens de Dieu, je me plains,
je médite et mon esprit défaille.
Tu refuses à mes yeux le sommeil;
je me trouble, incapable de parler.

Je pense aux jours d'autrefois,
aux années de jadis;
la nuit, je me souviens de mon chant,
je médite en mon cœur, et mon esprit s'interroge.

Le Seigneur ne fera-t-il que rejeter,
ne sera-t-il jamais plus favorable?
Son amour a-t-il donc disparu?
S'est-elle éteinte, d'âge en âge, la parole?

Dieu, la sainteté est ton chemin!
Quel Dieu est grand comme Dieu?
Tu es le Dieu qui accomplis la merveille,
qui fais connaître chez les peuples ta force :
tu rachetas ton peuple avec puissance,

Prière

Sur la route du Calvaire, Seigneur Jésus,
je te vois seul... Tes amis t'ont abandonné.
Ta force pour aller jusqu'au bout, tu nous la révèles :
« Je ne suis pas seul, le Père est avec moi ».
Aux heures de découragement,
de révolte contre les événements,
contre les autres et même contre Dieu,
affermis en moi la certitude que je suis aimé du Père.

Le chant du pèlerin

Psaume 83

De quel amour sont aimées tes demeures
Seigneur, Dieu de l'univers !

Mon âme s'épuise à désirer
les parvis du Seigneur
mon cœur et ma chair sont un cri
vers le Dieu vivant !

Heureux les habitants de ta maison
ils pourront te chanter encore !
Heureux les hommes dont tu es la force
des chemins s'ouvrent dans leur cœur !

Seigneur, Dieu de l'univers. entends ma prière

Oui, un jour dans tes parvis
en vaut plus que mille

J'ai choisi de me tenir sur le seuil
dans la maison de mon Dieu

Le Seigneur Dieu est un soleil
il est un bouclier

Seigneur, Dieu de l'univers
heureux qui espère en toi !

Prière

Seigneur Jésus, nous voici à Lourdes où, par Marie apparue,
le Ciel a touché la terre,
Accorde à tous les Pèlerins d'aujourd'hui et de demain de
marcher vers Toi, les pieds sur la terre et les yeux fixés sur Toi.

Pour préparer son cœur à l'écoute...

Psaume 94

Venez, crions de joie pour le Seigneur,
acclamons notre Rocher, notre salut !
Allons jusqu'à lui en rendant grâce
par nos hymnes de fête. Acclamons-le !

Oui, le grand Dieu, c'est le Seigneur
le grand Roi au-dessus de tous les dieux
il tient en main les profondeurs de la terre,
et les sommets des montagnes sont à lui :
à lui la mer, c'est lui qui l'a faite,
et les terres, car ses mains les ont pétries.

Entrez, inclinez-vous, prosternez-vous
adorons le Seigneur qui nous a faits :
Oui, il est notre Dieu

Aujourd'hui, écouterez-vous sa Parole ?

Prière

Dieu, notre Père, tu nous a donné en Jésus Christ le Rocher
qui nous sauve : ne laisse pas ton Église, tandis qu'elle chemine
au désert du monde, succomber à la tentation de la révolte et
de la discorde, mais fais que nous écoutions ta Parole.

Merci, Seigneur.

Psaume 99

Acclamez le Seigneur, terre entière,
servez le Seigneur dans l'allégresse,
venez à lui avec des chants de joie !

Reconnaissez que le Seigneur est Dieu :
il nous a faits, et nous sommes à lui,
nous, son peuple, son troupeau.

Venez dans sa maison lui rendre grâce,
dans sa demeure chanter ses louanges ;
rendez-lui grâce et bénissez son nom !

Oui, le Seigneur est bon,
éternel est son amour,
sa fidélité demeure d'âge en âge.

Pour rendre Grâce et s'émerveiller

Psaume 102

Bénis le Seigneur, ô mon âme
Bénis son nom très saint, tout mon être !
Bénis le Seigneur, ô mon âme
n'oublie aucun de ses bienfaits !

Car il pardonne toutes tes offenses
et te guérit de toute maladie
il réclame ta vie à la tombe
et te couronne d'amour et de tendresse

Le Seigneur fait œuvre de justice
il défend le droit des opprimés.
Le Seigneur est tendresse et pitié
lent à la colère et plein d'amour :
il n'est pas pour toujours en procès
ne maintient pas sans fin ses reproches.

Comme le ciel domine la terre
fort est son amour pour qui le craint :
aussi loin qu'est l'orient de l'occident
il met loin de nous nos péchés

Il sait de quoi nous sommes pétris
il se souvient que nous sommes poussière.
Mais l'amour du Seigneur, sur ceux qui le craignent
est de toujours à toujours

Bénis le Seigneur, ô mon âme !

Prière

Dieu de tendresse, toi qui veux la vie de tes enfants, tu nous as
révélé dans le Christ la grandeur de ton Amour. En lui,
renouvelle la jeunesse de ton Église, par lui garde-la fidèle à
ton Alliance, pour qu'avec Lui, elle ne cesse de te bénir.

Pour rendre grâce du Salut

Psaume 114

J'aime le Seigneur
il entend le cri de ma prière
il incline vers moi son oreille
toute ma vie, je l'invoquerai

J'éprouvais la tristesse et l'angoisse
j'ai invoqué le nom du Seigneur
"Seigneur, je t'en pris, délivre-moi"

Le Seigneur est justice et pitié
notre Dieu est tendresse
Le Seigneur défend les petits
j'étais faible, il m'a sauvé

Retrouve ton repos, mon âme
car le Seigneur t'a fait du bien.

Je marcherai en présence du Seigneur
sur la terre des vivants.

Prière

Marche devant nous, Seigneur, toi qui es notre avenir,
Fais-nous chercher des voies nouvelles,
Donne-nous la certitude qu'aujourd'hui encore ta force est à
l'œuvre et que tu renouvelles constamment le monde,
par Jésus, ton Christ, Notre Seigneur.

Dans le deuil.

Psaume 129

Des profondeurs je crie vers toi, Seigneur,
Seigneur, écoute mon appel !
Que ton oreille se fasse attentive
au cri de ma prière !

Si tu retiens les fautes, Seigneur,
Seigneur, qui subsistera ?
Mais près de toi se trouve le pardon
pour que l'homme te craigne.

Mon âme attend le Seigneur
plus qu'un veilleur ne guette l'aurore.
Plus qu'un veilleur ne guette l'aurore,
attends le Seigneur, Israël.

Oui, près du Seigneur, est l'amour ;
près de lui, abonde le rachat.
C'est lui qui rachètera Israël
de toutes ses fautes.

Prière

Nous te prions, Seigneur,
par l'intercession de la Vierge Marie :
Elle était auprès de ton Fils,
quand il mourait sur la Croix;
qu'elle soit auprès de nous (aujourd'hui)
dans notre peine.
En nous soutenant par l'exemple de sa foi,
qu'elle nous conduise à Toi.
Par Jésus le Christ, Notre Seigneur... Amen.

Avec toi, Seigneur, sur les chemins de la vie

Psaume 138

Tu me scrutes, Seigneur, et tu sais !
Tu sais quand je m'assois, quand je me lève :
de très loin, tu pénétres mes pensées.

Que je marche ou me repose, tu le vois;
tous mes chemins te sont familiers.
Avant qu'un mot ne parvienne à mes lèvres,
déjà, Seigneur, tu le sais.

Où donc aller, loin de ton souffle ?
Où m'enfuir, loin de ta face ?
Je gravis les cieux : tu es là;
je descends chez les morts : te voici.

C'est toi qui a créé mes reins
qui m'as tissé dans le sein de ma mère.
Je reconnais devant toi le prodige;
l'être étonnant que je suis

que tes pensées sont pour moi difficiles !

Scrute-moi, mon Dieu, tu sauras ma pensée,
et conduis-moi sur le chemin d'éternité.

Prière

Dieu notre Père, tu me connais mieux que je ne me connais
moi-même,
tu sais le désir de mon cœur d'être toujours avec Toi,
Augmente en moi ce désir, pour que je puisse Te reconnaître à
travers tous les signes de ta tendresse que tu mets sur ma
route.

prières usuelles

Comme le Seigneur lui-même
nous l'a appris, osons dire :

Notre Père qui es aux cieux,
que ton nom soit sanctifié,
que ton règne vienne,
que ta volonté soit faite
sur la terre comme au ciel.
Donne-nous aujourd'hui
notre pain de ce jour.
Pardonne-nous nos offenses,
comme nous pardonnons aussi
à ceux qui nous ont offensés,
et ne nous soumets pas à la tentation,
mais délivre-nous du Mal.

(Texte latin, p. 176)

Je vous salue Marie, pleine de grâce,
le Seigneur est avec vous,
vous êtes bénie entre toutes les femmes,
et Jésus, le fruit de vos entrailles, est béni.
Sainte Marie, mère de Dieu,
priez pour nous, pauvres pécheurs,
maintenant et à l'heure de notre mort.
Amen.

Je crois en Dieu, le Père tout-puissant,
créateur du ciel et de la terre.
Et en Jésus Christ, son Fils unique, notre Seigneur;
qui a été conçu du Saint-Esprit,
est né de la Vierge Marie,
a souffert sous Ponce Pilate,
a été crucifié, est mort et a été enseveli;
est descendu aux enfers,
le troisième jour est ressuscité des morts,
est monté aux cieux,
est assis à la droite de Dieu le Père tout-puissant,
d'où il viendra juger les vivants et les morts.
Je crois en l'Esprit-Saint,
à la sainte Église catholique,
à la communion des saints,

à la rémission des péchés,
à la résurrection de la chair,
à la vie éternelle.
Amen.

Je confesse à Dieu tout-puissant,
je reconnais devant mes frères,
que j'ai péché en pensée, en parole,
par action et par omission ;
oui, j'ai vraiment péché (on se frappe la poitrine).
C'est pourquoi je supplie la Vierge Marie,
les anges et tous les saints,
et vous aussi, mes frères,
de prier pour moi le Seigneur notre Dieu.
Que Dieu tout-puissant nous fasse miséricorde,
qu'il nous pardonne nos péchés
et nous conduise à la vie éternelle.
Amen.

Acte de foi

Mon Dieu, je crois fermement toutes les vérités que tu as révélées et que tu nous enseignes par ton Église, parce que tu ne peux ni te tromper, ni nous tromper.

Acte d'espérance

Mon Dieu, j'espère avec une ferme confiance que tu nous donneras par les mérites de Jésus Christ ta grâce en ce monde et le bonheur éternel dans l'autre, parce que tu l'as promis et que tu es fidèle à tes promesses.

Acte de charité

Mon Dieu, je t'aime de tout mon cœur et plus que tout, parce que tu es infiniment bon, et j'aime tous mes frères comme moi-même par amour pour toi.

Acte de contrition

Mon Dieu, j'ai péché contre Toi et mes frères. Mais près de Toi se trouve le pardon ; accueille mon repentir et donne-moi la force de vivre selon ton Amour.

Trois fois le jour récitons l'Angelus

L'Ange du Seigneur apporta l'annonce à Marie.
– *Et elle conçut du Saint-Esprit.*
Je vous salue, Marie...

Voici la servante du Seigneur.
– *Qu'il me soit fait selon ta parole.*
Je vous salue, Marie...

Et le Verbe s'est fait chair.
– *Et il a habité parmi nous,*
Je vous salue, Marie...

Priez pour nous, sainte mère de Dieu.
– *Afin que nous soyons rendus dignes des prómesses du Christ.*

Que ta grâce, Seigneur notre Dieu, se répande en nos cœurs; et maintenant que nous connaissons, par le message de l'ange, l'incarnation de ton Fils bien-aimé, fais que nous soyons conduits, par sa passion et par sa croix, jusqu'à la gloire de la résurrection. Par le Christ, notre Seigneur. Amen.

Regina cœli

Pendant le temps pascal :

Regina caeli, laetare, alleluia!	O Vierge Marie, quelle joie, alleluia!
Quia quem meruisti portare, alleluia!	Celui que tu as un jour enfanté, alleluia!
Resurrexit, sicut dixit, alleluia!	Ressuscité, s'en est allé, alleluia!
Ora pro nobis Deum, alleluia!	Pour nous, prie le Seigneur Dieu, alleluia!

Salve Regina

Salve, Regina, mater misericordiae! Vita, dulcedo et spes nostra, salve!	Salut, ô Reine, Mère de miséricorde, douceur de notre vie, notre espérance, salut!
Ad te clamamus, exsules filii Evae.	Enfants d'Ève, exilés, nous crions vers toi.
Ad te suspiramus, gementes et flentes in hac lacrymarum valle.	Vers toi nous soupirons, gémissant et pleurant dans cette vallée de larmes.

Eia ergo, advocata nostra, illos tuos misericordes oculos ad nos converte; et Jesum, benedictum fructum ventris tui, nobis post hoc exsilium ostende.
O clemens, o pia, o dulcis Virgo Maria!

Toi, notre avocate, tourne vers nous ton regard miséricordieux.
Et, après cet exil, montre-nous Jésus le fruit béni de ton sein.
O clémente, O miséricordieuse, O douce Vierge Marie.

Souvenez-vous
(prière de saint Bernard):

Souvenez-vous, ô très miséricordieuse Vierge Marie, qu'on n'a jamais entendu dire qu'aucun de ceux qui ont eu recours à votre protection, imploré votre assistance ou réclamé votre intercession, ait été abandonné. Animé de cette confiance, ô Vierge des vierges, ô ma mère, je viens à vous gémissant sous le poids de mes péchés, je me prosterne à vos pieds. O mère du Verbe incarné ne méprisez pas mes prières, mais écoutez-les favorablement et daignez les exaucer.

Faites de moi un instrument de Votre paix

Seigneur, faites de moi un instrument de Votre Paix.
Là où est la haine, que je mette l'amour.
Là où est l'offense, que je mette le pardon.
Là où est la discorde, que je mette l'union.
Là où est l'erreur, que je mette la vérité.
Là où est le doute, que je mette la foi.
Là où est le désespoir, que je mette l'espérance.
Là où sont les ténèbres, que je mette la lumière.
Là où est la tristesse, que je mette la joie.
Faites que je ne cherche pas tant à être consolé qu'à consoler,
à être compris qu'à comprendre,
à être aimé qu'à aimer.

Parce que,
c'est en donnant que l'on reçoit,
c'est en s'oubliant soi-même
qu'on se retrouve soi-même,
c'est en pardonnant qu'on obtient le pardon,
c'est en mourant qu'on ressuscite
à l'éternelle Vie.

Attribuée à saint François d'Assise. Prière de la J.E.C.F.

Prière de saint Ignace de Loyola

Seigneur Jésus,
apprenez-nous à être généreux,
à Vous servir comme Vous le méritez,
à donner sans compter,
à combattre sans souci des blessures,
à travailler sans chercher le repos,
à nous dépenser sans attendre d'autre récompense
que celle de savoir que nous faisons
Votre Sainte Volonté.

Quelques invocations à Marie :

O Marie, Mère de Jésus Christ, priez pour nous.
O Marie, Mère de Dieu, priez pour nous.
O Marie, Demeure du Saint-Esprit, priez pour nous.
O Marie, Mère de l'Église, priez pour nous.
O Marie conçue sans péché, priez pour nous qui avons recours
à vous.
Vierge pleine de bonté, montrez-vous notre mère.
Consolation des affligés, priez pour nous.
Santé des malades, priez pour nous.
Reine des Martyrs, soutenez le courage des persécutés.
Reine du Ciel et de la Terre, priez pour nous.
Reine de la Paix, priez pour nous.
Mère de l'Église, priez pour nous.

Les Litanies de la Sainte Vierge sont une prière pour invoquer Marie, Mère de Dieu et mère des hommes, en évoquant ses qualités et titres de gloire que les siècles lui ont reconnus comme notre Secours et notre Modèle.

Seigneur, prends pitié.
O Christ, prends pitié.
Seigneur, prends pitié.

Sainte Marie, priez pour nous.
Sainte Mère de Dieu, priez pour nous.
Sainte Mère toujours Vierge, priez pour nous.

Mère de Jésus, l'Émmanuel,
Mère de Jésus, le Sauveur,
Mère de Jésus, le Seigneur,

Mère conçue sans péché,
Mère de la lumière,
Mère de la vie,

Mère de l'amour,
Mère de la miséricorde,
Mère de l'espérance,

Mère de l'Église,
Mère de tous les hommes,
Mère bénie entre toutes les mères,

Vierge comblée de grâce,
Vierge toute sainte,
Vierge très humble,

Vierge très pauvre,
Vierge très pure,
Vierge accueillante à la Parole,

Vierge croyante,
Vierge obéissante,
Vierge priante,

Vierge souffrante,
Vierge exultante,
Vierge bénie entre toutes les vierges,

Mère de Dieu

Ève Nouvelle,
Fille de Sion,
Héritière de la Promesse,

Servante du Seigneur,
Arche de l'Alliance,
Cité de Dieu,

Demeure de la Sagesse,
Temple de l'Esprit Saint,
Étoile du matin,

Porte du ciel,
Splendeur de la création,
Femme bénie entre toutes les femmes,

Médiatrice de grâce,
Dispensatrice de la paix,
Soutien des ministres du Seigneur,

Guide des consacrés,
Modèle des épouses,
Protectrice des familles,

Secours des chrétiens,
Consolatrice de ceux qui pleurent,
Avocate des opprimés,

Salut des malades,
Refuge des pécheurs,
Joie de tous les enfants de Dieu,

Reine élevée au ciel,   Reine des pasteurs,
Reine des anges,   Reine des docteurs,
Reine des patriarches,   Reine des vierges,

Reine des prophètes,   Reine des fidèles,
Reine des apôtres,   Reine de tous les saints,
Reine des martyrs,   Reine du monde à venir,

Agneau de Dieu, qui enlèves le péché du monde,
prends pitié de nous.   *(3 fois)*

Prions,
Alors que nous venons de contempler
les merveilles que tu as accomplies en Marie,
accorde-nous, Seigneur, par son intercession,
le bonheur de vivre dès maintenant en ta présence
et d'avoir part un jour à la plénitude de ta grâce.
Par Jésus, le Christ, notre Seigneur.

Ces litanies proposées par Pierre Jounel dans le « Manuel des Pèlerins : Prier à Rome et à Assise » (Éd. Tardy, 1984), tentent de recueillir l'enseignement du 11ᵉ Concile du Vatican sur la Vierge Marie.

« O mère consolatrice »

Toi qui connais nos douleurs et nos peines,
toi qui as souffert de Bethléem au Calvaire,
console tous ceux qui souffrent
dans leur corps et dans leur âme,
tous ceux qui sont dans la dispersion et le découragement,
tous ceux qui ressentent un ardent besoin
d'aimer et de se donner.

O Mère Consolatrice,
console-nous tous,
aide-nous à comprendre que le secret du bonheur
est dans la bonté
et dans la fidélité à ton fils Jésus.

telle que tu la désires.
Et nous te rendrons gloire
et nous t'offrirons des actions de grâces,
maintenant et toujours.

Jean-Paul II

Pour prier, se reporter également aux pages du Chemin de Croix (p. 125 à 140).

Marie accueille dans la foi
la venue du Seigneur : l'Annonciation
(Luc 1, 26-38)

(après l'annonce à Zacharie)
Au sixième mois, l'ange Gabriel fut envoyé par Dieu
dans une ville de Galilée, appelée Nazareth,
à une jeune fille, une vierge,
accordée en mariage à un homme de la maison de David,
appelé Joseph ;
et le nom de la jeune fille était Marie.
L'ange entra chez elle et dit :
« Je te salue [1],
comblée de grâce,
le Seigneur est avec toi. »
A cette parole, elle fut toute bouleversée,
et elle se demandait ce que pouvait signifier cette salutation.
L'ange lui dit alors :
« Sois sans crainte, Marie,
car tu as trouvé grâce auprès de Dieu.
Voici que tu vas concevoir et enfanter un fils,
et tu lui donneras le nom de Jésus.
Il sera grand,
il sera appelé Fils du Très-Haut ;
le Seigneur Dieu
lui donnera le trône de David son père ;
il règnera pour toujours sur la maison de Jacob,
et son règne n'aura pas de fin. »
Marie dit à l'ange :
« Comment cela va-t-il se faire,
puisque je suis vierge ? »
L'ange lui répondit :
« L'Esprit Saint viendra sur toi,
et la puissance du Très-Haut
te prendra sous son ombre ;

---

(1) ou : « *Réjouis-toi...* »

c'est pourquoi celui qui va naître sera saint,
et il sera appelé Fils de Dieu.
Et voici qu'Elisabeth, ta cousine,
a conçu, elle aussi, un fils dans sa vieillesse,
et elle en est à son sixième mois,
alors qu'on l'appelait ' la femme stérile '.
Car rien n'est impossible à Dieu. »
Marie dit alors :
« Voici la servante du Seigneur;
que tout se passe pour moi selon ta parole. »
Alors l'ange la quitta.

Marie, dans la joie, remercie Dieu : la Visitation
(Luc 1, 39-55)

En ces jours-là,
Marie se mit en route rapidement
vers une ville de la montagne de Judée.
Elle entra dans la maison de Zacharie
et salua Elisabeth.
Or, quand Elisabeth entendit la salutation de Marie,
l'enfant tressaillit en elle.
Alors, Elisabeth fut remplie de l'Esprit Saint,
et s'écria d'une voix forte :
« Tu es bénie entre toutes les femmes,
et le fruit de tes entrailles est béni.
Comment ai-je ce bonheur
que la mère de mon Seigneur vienne jusqu'à moi?
Car, lorsque j'ai entendu tes paroles de salutation,
l'enfant a tressailli d'allégresse au-dedans de moi.
Heureuse celle qui a cru à l'accomplissement des paroles
qui lui furent dites de la part du Seigneur. »
Marie dit alors :

**Mon âme exalte le Seigneur,
exulte mon esprit en Dieu, mon Sauveur!**

**Il s'est penché sur son humble servante;
désormais, tous les âges me diront bienheureuse.**

**Le Puissant fit pour moi des merveilles;
Saint est son nom!**

**Son amour s'étend d'âge en âge
sur ceux qui le craignent.**

Déployant la force de son bras,
il disperse les superbes.

Il renverse les puissants de leurs trônes,
il élève les humbles.

Il comble de biens les affamés,
renvoie les riches les mains vides.

Il relève Israël, son serviteur,
il se souvient de son amour,

de la promesse faite à nos pères,
en faveur d'Abraham et de sa race, à jamais.

Marie demeura avec Elisabeth environ trois mois,
puis elle s'en retourna chez elle.

(Texte latin du *Magnificat*, p. 252)

Marie intercède auprès de Jésus pour les mariés de Cana

(Jean 2, 1-11)

Il y avait un mariage à Cana en Galilée.
La mère de Jésus était là.
Jésus aussi avait été invité au repas de noces
avec ses disciples.
Or, on manqua de vin;
la mère de Jésus lui dit :
« Ils n'ont pas de vin. »
Jésus lui répond :
« Femme, que me veux-tu?
Mon heure n'est pas encore venue. »
Sa mère dit aux serviteurs :
« Faites tout ce qu'il vous dira. »
Or, il y avait là six cuves de pierre pour les ablutions rituelles
des juifs; chacune contenait environ cent litres.
Jésus dit aux serviteurs :
« Remplissez d'eau les cuves. »
Et ils les remplirent jusqu'au bord.
Il leur dit :
« Maintenant, puisez, et portez-en au maître du repas. »
Ils lui en portèrent.
Le maître du repas goûta l'eau changée en vin.
Il ne savait pas d'où venait ce vin,

mais les serviteurs le savaient, eux qui avaient puisé l'eau.
Alors le maître du repas interpelle le marié et lui dit :
« Tout le monde sert le bon vin en premier,
et lorsque les gens ont bien bu, on apporte le moins bon.
Mais toi, tu as gardé le bon vin jusqu'à maintenant. »
Tel fut le commencement des signes que Jésus accomplit.
C'était à Cana en Galilée.
Il manifesta sa gloire, et ses disciples crurent en lui.

Marie se tient près de la croix de Jésus
(Jean 19, 25-27)

Près de la croix de Jésus se tenait sa mère
avec la sœur de sa mère, Marie femme de Cléophas,
et Marie Madeleine.
Jésus, voyant sa mère,
et près d'elle le disciple qu'il aimait,
dit à sa mère : « Femme, voici ton fils. »
Puis il dit au disciple : « Voici ta mère. »
Et à partir de cette heure-là, le disciple la prit chez lui.

Marie prie avec les apôtres
(Actes 1, 12-14)

Les Apôtres (après avoir vu Jésus s'en aller vers le ciel)
retournèrent du mont des Oliviers
à Jérusalem qui n'est pas loin...
Arrivés dans la ville, ils montèrent à l'étage de la maison ;
c'est là qu'ils se tenaient tous : Pierre, Jean, Jacques et André,
Philippe et Thomas, Barthélemy et Matthieu,
Jacques fils d'Alphée, Simon le Zélote, et Jude fils de Jacques.
D'un seul cœur, ils participaient fidèlement à la prière,
avec quelques femmes, dont Marie, mère de Jésus,
et avec ses frères.

« La dame prit le chapelet qu'elle tenait entre ses mains et elle fit le signe de la croix... Aussitôt que j'eus fait le signe de la croix, le grand saisissement que j'éprouvais disparut... Je me mis à genoux. J'ai passé mon chapelet en présence de cette belle dame. Elle faisait courir les grains du sien, mais elle ne remuait pas les lèvres. Quand j'eus fini mon chapelet, elle me fit signe d'approcher; mais je n'ai pas osé. Alors elle disparut tout d'un coup. »

(Récit par Bernadette de la première apparition.)

Chaque fois que Bernadette revint à la grotte, la prière du chapelet fut comme le lieu de sa rencontre avec la Vierge Marie. Après s'être agenouillée, elle tirait son chapelet de la poche de son tablier, elle se signait avec la croix, et tandis qu'elle récitait les premières dizaines, en regardant vers le trou du rocher, la dame lui apparaissait. Marie souriait, saluait puis prenait le grand chapelet suspendu à son bras. Elle joignait les mains et faisait glisser les grains, au rythme de Bernadette, mais sans remuer les lèvres. Bernadette gardait les yeux fixés sur la dame, et quand celle-ci, à la fin du chapelet, faisait un beau signe de croix, Bernadette l'imitait de son mieux. Puis venait, à certaines apparitions, une conversation entre elles deux.

(Cf. Laurentin - Histoire authentique, t. III, p. 50-55 et 177-179.)

Un pèlerinage est acte de foi et de prière. Comme Bernadette, nous aimons saluer la Vierge dans la joie de l'Annonciation : « Je vous salue, Marie. »

La prière du Rosaire nous aide à contempler avec Marie la vie, la mort et la résurrection de Jésus, notre Sauveur, que Dieu lui a donné pour fils. Par le chemin de l'Évangile, Marie nous conduit au Christ afin que nous vivions nous aussi en vrais enfants de Dieu.

Pour chacun des 15 « mystères » du Rosaire, vous trouverez dans les pages suivantes :

— des références à l'Évangile et autres textes bibliques
— un choix de trois « clausules » (voir ci-dessous)
— une courte réflexion pour vous aider :
à contempler avec Marie, le Mystère du Christ
et à en vivre, vous-même, comme elle et Bernadette.

Le Rosaire : école de prière

Le Rosaire n'est pas un cadre rigide de formules toutes faites.
C'est une école de prière chrétienne avec Marie, qui doit nous
conduire jusqu'à une prière spontanée et vivante. Voici
quelques suggestions qui peuvent nous aider.

L'Évangile

La prière du Rosaire étant « regard de la foi sur le Christ,
avec l'aide de Marie », il est évident que l'Évangile sera
toujours sa principale source. Plus vous lirez, relirez et « médi-
terez en votre cœur » la Parole de Dieu (la Bible dans son
ensemble) et surtout le Nouveau Testament, plus aussi le
Rosaire sera pour vous lumière sur la foi et guide pour la vie.

L'Ave Maria

Certains préfèrent utiliser, dans leur prière personnelle, une
traduction où l'on trouve davantage l'écho de la joie messia-
nique annoncée par les prophètes et reçue par Marie. Par
exemple : « Réjouis-toi, Marie comblée de grâce; le Seigneur
est avec toi. Tu es bénie entre toutes les femmes et Jésus, le fruit
de tes entrailles, est béni. » Ici on peut ajouter une clausule (voir
ci-dessous) et garder un moment de silence avant de reprendre
« Réjouis-toi... » Dans ce cas il est conseillé de reporter en fin
de dizaine la supplication « Sainte Marie, Mère de Dieu... »
que l'on peut répéter en y joignant telle ou telle intention
précise.

Les « clausules »

Dans certains pays on a gardé l'excellente habitude de complé-
ter la première partie de l'Ave Maria par une très courte
phrase (clausule) qui précise – pour chaque dizaine – l'événe-
ment que l'on médite. Par exemple, pour l'Annonciation :
... Jésus, le fruit de vos entrailles, est béni, *Jésus dont l'ange
vous annonce la venue.*
On peut varier ces formules à l'infini pour souligner tel ou tel

aspect de la vie ou de l'enseignement du Christ. Ainsi on découvre de plus en plus les richesses insondables du Mystère de notre Salut. Ainsi notre attention est stimulée et nous pouvons mieux rompre la « routine ».

Un choix plus large des mystères

Tout en respectant la structure fondamentale : Incarnation, Rédemption et Résurrection on peut, soit en privé, soit pour des célébrations particulières, méditer d'autres mystères évangéliques. Par exemple : le Baptême de Jésus, les Noces de Cana, la Transfiguration, la Cène du Jeudi Saint, la prière des Apôtres au Cénacle, le retour glorieux du Christ, etc...

La Direction Générale du Pèlerinage du Rosaire, 1, impasse Lacordaire, 31078 Toulouse Cedex, se fera volontiers l'écho de vos suggestions.

Les événements joyeux de l'Incarnation

ANNONCIATION

(Lc **1**, 26-38 ; Mt **1**, 18-24 ; Is **7**, 10-15 ; So **3**, 14-18)

... *Jésus, annoncé par l'ange*
... *Jésus, dont vous avez toujours été la Servante*
... *Jésus, que vous avez servi en Mère très aimante.*

« Dieu est Amour ». Il ne peut cesser d'aimer ce qu'il a créé. Il veut tout restaurer, re-créer ce que les hommes ont gâché. « Il aime tant le monde qu'il envoie son Fils, pour nous sauver ». Pour cela, il comble de sa grâce une femme de chez nous. Il la fait Immaculée, sans péché : il lui propose d'être, librement, la Mère du Sauveur.
Marie accepte de tout son amour et de toute sa foi. N'est-elle pas la « servante du Seigneur »? Son exemple nous entraîne. Avec Bernadette, sa confidente, sachons toujours redire, nous aussi : « **Oui, mon Dieu, oui. En tout et partout oui.** »

VISITATION

(Lc **1**, 39-45 ; Lc **11**, 27-28 ; 1 Sam **2**, 1-10 ; Jdt **13**, 17-20)

... *Jésus, reconnu par Jean-Baptiste*
... *Jésus, qui comble de grâces ceux qui l'accueillent*
... *Jésus, joie des pauvres et des humbles.*

La Bonne Nouvelle de notre salut n'est pas faite pour rester cachée! A peine Jésus a-t-il commencé à vivre dans le sein très pur de Marie, que Jean-Baptiste tressaille d'allégresse. Élisabeth, inspirée par l'Esprit, devine la présence de son Seigneur, encore caché en Marie.

Marie chante alors sa joie : « Le Puissant fit pour moi des merveilles! » Elle entraîne tous les hommes à reconnaître la miséricorde du Seigneur et à vivre dans son Amour.

Bernadette disait humblement, à la fin de sa vie : « **J'ai reçu tant de grâces... J'ai peur de n'en avoir pas profité comme il faut!** » Ne pourrions-nous souvent en dire autant?

NOËL

(Lc **2**, 1-20 ; Jn **1**, 1-18 ; Is **9**, 1-6 ; Is **60**, 1-5)

... Jésus, qui est né pour nous
... Jésus, qui apporte la paix aux hommes qu'il aime
... Jésus, que nous adorons, présent parmi nous.

Le Fils du Très-Haut, né d'une Mère sans péché, devient homme en tout semblable à nous sauf le péché. Les anges chantent, les bergers s'émerveillent, les mages adorent.

Quant à Marie, elle retient tous ces événements, et les médite dans son cœur. C'est auprès d'elle qu'on découvre le Sauveur. Vers Lui, elle oriente tout homme qui cherche la Vérité, la Paix et l'Amour.

A Lourdes, par Bernadette elle nous invite à « **venir en procession** » pour adorer son Fils et travailler, avec Lui, à l'œuvre de notre salut. L'appel à la prière et à la pénitence sont l'écho fidèle de l'Évangile.

PRÉSENTATION DU SEIGNEUR

(Lc **2**, 22-40 ; Jn **3**, 16-21 ; Is **66**, 10-14 ; I Jn **1**, 5-7)

... Jésus, Lumière du monde
... Jésus, qui nous invite à offrir notre vie à Dieu
... Jésus, qui vécut trente ans comme nous.

Le Christ-Seigneur est reconnu par Syméon comme la lumière de tous les hommes. C'est la Vérité... mais elle ne se dévoilera que plus tard. Jésus doit d'abord vivre sa vie d'homme, dans le secret. Pendant trente ans, il ne sera pour ses contemporains que Jésus de Nazareth, « le fils de Marie et de Joseph, le charpentier ».

Avec Marie, il nous fait comprendre que c'est notre vie de tous les jours (si banale soit-elle!) que nous devons offrir à Dieu comme l'hommage le plus beau et le plus vrai.
Bernadette l'avait bien compris elle « **qui était venue à Nevers pour se cacher** » après avoir « **servi de manche à balai à la Sainte Vierge...** », comme elle disait!

JÉSUS RETROUVÉ AU TEMPLE

(Lc **2**, 41-52 ; Mt **11**, 25-30 ; Ps **84** (83) ; Ps **27** (26))

... Jésus, toujours uni à son Père
... Jésus, qui se laisse trouver par ceux qui le cherchent
... Jésus, avec qui vous avez vécu, « cachée en Dieu ».

« Mon enfant, pourquoi nous as-tu fait cela ? » dit Marie à Jésus, après trois jours d'angoissante recherche. Et Jésus de répondre : « Pourquoi me cherchez-vous ? Ne saviez-vous pas qu'il me faut être chez mon Père ? »
Marie et Joseph ne comprirent pas... La volonté de Dieu est parfois pour nous éprouvante et mystérieuse. Et pourtant nous l'acceptons car nous savons que Dieu commande toujours par amour.
Bernadette lorsqu'une force irrésistible la poussait à aller à la grotte malgré les interdictions, disait à ses parents : « **Cela me fait de la peine... il faut que je vous désobéisse, à vous ou à cette dame !** »

Les événements douloureux de la Rédemption (Passion)

AGONIE DE JÉSUS

(Mt **26**, 36-46 ; Jn **6**, 38-40 ; Lm **3**, 17-26 ; Ps 130 (129))

... Jésus, accablé par nos péchés
... Jésus, qui a toujours fait la volonté de son Père
... Jésus, qui nous demande de prier et veiller avec lui.

Gethsémani. Jésus a « l'âme triste à en mourir ». La face contre terre il prie : « Mon Père, s'il est possible, que cette coupe passe loin de moi ! Pourtant, non pas comme je veux, mais comme tu veux ! » Jésus est écrasé par la souffrance, mais il ira jusqu'au bout de son amour pour son Père et pour nous.

Ainsi ont toujours fait, comme lui, avec lui et par lui, ceux qui aiment vraiment, à commencer par Marie et les Apôtres. Bernadette disait au plus fort de ses souffrances : « **Ce que Dieu veut, comme il le veut, autant qu'il le veut** ». Et nous ?...

FLAGELLATION DE JÉSUS

(Mc **15**, 6-15 ; Col **1**, 21-24 ; Is **53**, 2-12 ; Ps **38** (37))

... Jésus, condamné injustement
... Jésus, homme de douleurs sur qui pèsent tous nos péchés
... Jésus, à la passion de qui je veux m'unir.

« Quel mal a-t-il fait ? dit Pilate à la foule hurlante. Je n'ai rien trouvé en lui qui mérite la mort... » Mais Jésus est cependant flagellé, « broyé à cause de nos fautes », comme le prédisait Isaïe.
Marie la première en a profondément souffert en son cœur, c'est pourquoi elle nous invite tous à prier et faire pénitence « pour les pécheurs ».
Bernadette elle aussi nous redit : « **Il faut souffrir pour lui... il a assez souffert pour nous!** »

COURONNEMENT D'ÉPINES

(Mt **27**, 27-31 ; Jn **18**, 33-37 ; 2 Co **12**, 7-10 ; Is **50**, 5-9)

... Jésus, notre Roi couronné d'épines
... Jésus, notre Sauveur « traité comme un pot cassé »
... Jésus, rejeté pour s'être affirmé « Fils de Dieu ».

« Ayant tressé une couronne d'épines, les soldats la mettent sur la tête de Jésus...; pliant le genou devant lui, ils se moquent en disant : « Salut, roi des Juifs! » Et ils crachent sur lui... le Fils de Dieu... le fils de Marie... notre Sauveur!
Bernadette contemplant ce mystère répétait, tout attristée : « **Il a été traité comme un pot cassé!** » Mais elle savait aussi, en union avec Jésus « baiser la terre pour les pécheurs », ainsi que lui avait demandé Marie. Elle affirmait également : « **Notre Seigneur donne sa couronne d'épines à ses amis...** » Savons-nous, comme elle, l'accepter « en amis » ?

JÉSUS PORTE SA CROIX

(Lc **23**, 24-32 ; Mc **8**, 34-38 ; I P **2**, 21-25 ; Mt **10**, 34-39)

... Jésus, qui nous invite à porter notre croix
... Jésus, qui partage et soutient notre détresse
... Jésus, qui « remplit nos souffrances de sa présence ».

Jésus, condamné par les siens monte vers le Golgotha. Simon de Cyrène est réquisitionné pour l'aider à porter la croix. Jésus nous y invite tous : « Si quelqu'un veut venir à ma suite qu'il renonce à lui-même, qu'il se charge de sa croix et qu'il me suive. »

Marie a vécu son chemin de la croix, avec Jésus.

Bernadette affirmait : « **Par amour pour Jésus, je porterai la croix, cachée dans mon cœur.** » Nous aussi, puissions-nous dire, comme elle : « **Quand on pense : « Le bon Dieu le permet », on ne se plaint pas!** »

JÉSUS MEURT EN CROIX

(Lc **23**, 33-46 ; Jn **19**, 18-37 ; II Tim **2**, 8-13 ; Jn **12**, 23-33)

... Jésus, qui meurt pour nous donner la vie
... Jésus, qui nous a aimés jusqu'au bout
... Jésus, qui fait de sa mort une victoire.

Jésus, sur la croix, livre son Corps et verse son Sang pour nous et pour la multitude, en rémission des péchés. « Si le grain de blé meurt, il porte du fruit en abondance. »

Marie est au pied de la croix. Elle offre son Enfant et elle s'offre elle-même, dans la foi et l'amour le plus pur.

Bernadette, peu avant sa mort, disait : « **Je suis moulue comme un grain de blé... Je n'aurais pas cru qu'il faut tant souffrir pour mourir!** » Et prenant son crucifix : « **Je suis comme lui!...** » A son exemple, dans les épreuves, « **puisons là notre force** ».

Les événements glorieux de la Résurrection

RÉSURRECTION DE JÉSUS

(Mc **16**, 1-7 ; Lc **24**, 13-35 ; I Co **15**, 1-22 ; Ac **2**, 22-24)

... Jésus, vivant, ressuscité
... Jésus, qui proclame heureux ceux qui croient en lui
... Jésus, qui demeure avec nous pour toujours.

« Pourquoi cherchez-vous le Vivant parmi les morts ? » Il n'est pas ici, (dans la tombe), mais il est ressuscité. Jésus ressuscité est apparu à ses amis. La joie pascale va illuminer le monde car Jésus a promis : « Je suis avec vous, tous les jours, jusqu'à la fin des temps! » Forte de sa présence, l'Église du Christ continue sa mission de « témoin ».

Marie est là aussi, simplement, comme la Mère qui aime, qui encourage et donne l'exemple.

Bernadette, sous l'influence de Marie, pouvait dire : « **Si nous avions la foi, nous verrions Dieu en Tout.** »

ASCENSION DE JÉSUS

(Ac **1**, 1-14 ; Ph **2**, 6-11 ; Col **3**, 1-4 ; Jb **19**, 23-25-27)

... *Jésus, notre espérance*
... *Jésus, qui nous prépare notre place auprès du Père*
... *Jésus, qui nous aide à « gagner » la joie qui ne finit pas.*

« Lorsque je serai allé préparer votre place (auprès de mon Père) je reviendrai et je vous prendrai auprès de moi. » Cette promesse soutient notre espérance, oriente toute notre vie et stimule nos efforts.

C'est dans la même ligne que Marie à Lourdes, promettait à Bernadette « **qu'elle serait heureuse dans l'autre monde** ». Et Bernadette ajoutait avec beaucoup de réalisme spirituel : « **Oui... mais à condition que je me le gagne!** » Le Seigneur ne nous sauvera pas sans nous.

PENTECÔTE

(Ac **1**, 8 ; **2**, 1-17 ; Jn **14**, 15-25 ; I Co **12**, 1-13 ; Mt **28**, 16-20)

... *Jésus, qui nous donne son Esprit*
... *Jésus, qui nous envoie proclamer la Bonne Nouvelle*
... *Jésus, dont l'Esprit nous guide vers la Vérité entière.*

« Allez par le monde entier, prêcher l'évangile à toute créature... L'Esprit de Vérité sera avec vous et il vous guidera vers la Vérité tout entière. » Cette mission des Apôtres, tout chrétien l'a reçue aussi. Chacun de nous, pour sa part, est, dans l'Église et dans le monde, responsable de la Bonne Nouvelle.

La Mère de Jésus nous rappelle cette mission et nous aide à penser comme Bernadette « **qu'il faut beaucoup prier pour les pécheurs** » et « **qu'on ne saurait jamais assez faire pour leur conversion** ».

ASSOMPTION DE MARIE

(Ap **3**, 20-21 ; Lc **1**, 46-55 ; Mt **25**, 15-30 ; I Jn **3**, 1-2)

... *Jésus, qui glorifie sa Mère dans le ciel*
... *Jésus, dont vous êtes le miroir rayonnant de sainteté*
... *Jésus, qui nous veut éternellement avec lui.*

« En Marie, l'Église admire et exalte le fruit le plus excellent de la Rédemption et comme une image très pure, elle contemple avec joie ce qu'elle-même désire et espère tout entière ! » (Vatican II, constitution sur la liturgie, 103).

A la dernière visite imprévue de Marie (16 juillet 1858) Bernadette ne l'avait « **jamais vue aussi belle** ». Elle ne la reverra plus sur la terre, mais « **elle est gravée dans son cœur** ». Et quand elle priera devant une statue « **elle regardera plus haut** »... « Quand on voit Notre-Dame, il faut regarder plus haut ; on trouve Dieu » (Mgr Théas : Ce que croyait Bernadette, p. 126).

MARIE, MÈRE DE L'ÉGLISE

(Jn **19**, 25-27 ; Ap **12**, 1-17 ; Ac **1**, 12-14 ; So **3**, 14-18)

... Jésus, qui vous a confié son Église
... Jésus, qui nous demande de vous prendre « chez nous »
... Jésus, que vous ne cessez de prier pour nous.

« Marie, en tant que Mère du Christ, est Mère aussi de tous les membres (pasteurs et fidèles) de son Corps Mystique, c'est-à-dire l'Église » (Paul VI).

Marie est donc vraiment notre Mère et nous pouvons nous confier totalement à elle : par sa prière, et par son exemple elle nous conduira en toute certitude vers son Fils, notre Sauveur.

« **Si tu savais comme la Sainte Vierge est bonne...!** » redit Bernadette à chacun de nous...

Pour supporter les épreuves avec patience

O mon Dieu et mon Sauveur,
vous qui avez supporté pour moi
de si grandes souffrances
avec patience et avec force,
donnez-moi le courage,
si je dois passer par de telles épreuves,
de les supporter aussi avec patience.

Obtenez-moi cette grâce, Vierge Marie,
vous qui avez vu votre Fils souffrir
et qui avez souffert avec lui,
de pouvoir m'associer, lorsque je souffre,
à ses souffrances et aux vôtres,
et d'obtenir ainsi, grâce à sa Passion,
grâce à vos mérites et à ceux de tous les saints,
d'être racheté pour la vie éternelle.

John Henry Newman

("Seigneur, mon espérance" - p. 47 Ed. Novalis/Cerf)

Soutiens mon courage

Seigneur, il m'est difficile de comprendre
et d'accepter cette souffrance.
Toi qui, durant ta vie terrestre,
as guéri les malades,
soutiens mon courage,
donne-moi la sérénité,
délivre-moi du mal.
Quand je ne trouverai plus les mots pour prier,
accepte ma maladie comme une prière.
Fais que cette épreuve me rapproche de toi.
Souviens-toi de mes parents, de mes amis,
des autres malades de cet hôpital,
de ceux et celles qui prennent soin de nous.
Garde-nous, Seigneur, dans ton amour.

Pierre Dufresne

("Seigneur, mon espérance" - p. 48 Ed. Novalis/Cerf)

Pour nos compagnons de maladie

Seigneur Jésus Christ,
tu as affronté pour nous
le dénuement, la souffrance et la mort :
envoie-nous ton Esprit Saint
pour que nous puissions te suivre
là où tu nous appelles.
Reçois ma prière
pour tous mes compagnons de chambre.
Tu les connais, Seigneur,
parce que tu les aimes.
Donne-moi de te reconnaître en chacun d'eux,
et fais-moi la grâce
de savoir partager leur fardeau,
dans la mesure de mes forces,
au nom de ton amour. Amen.

Auteur inconnu

("Seigneur, mon espérance" - p. 63 Ed. Novalis/Cerf)

Au-delà

Au-delà de la mort, Seigneur,
tu me prépares un bonheur sans limites,
bonheur dont je ne puis comprendre
maintenant toute l'intensité,
mais dont tu as parlé en termes séduisants
pour le faire espérer.
Tourne vers ce bonheur
mes plus profonds attraits,
car il est mystérieux,
et paraît si lointain que je serai tenté
de l'apprécier trop peu.
Stimule mon désir d'entrer en possession
de ton être divin,
et fais-moi aspirer à cette grande étreinte
où tu te donneras.
Montre-moi que toi seul
tu es la vraie richesse
qui subsiste toujours,
que toi seul es l'amour
capable de combler ma soif d'intimité.

Ne laisse pas mon cœur
se faire prisonnier d'autres joies que la tienne,
ni chercher l'absolu en des êtres terrestres
alors qu'il n'est qu'en toi.
Apprends-moi à rêver de ce moment suprême,
celui de la rencontre,
où ton cœur s'ouvrira pour saisir tout mon être
dans un cri de bonheur.

Jean Galot
("Prières d'espérance" - Jean Galot
Ed. Sintal - Louvain, 1971 - p. 43)

Pour les familles divisées

O Dieu, Père de tous hommes,
tu nous demandes de porter
l'amour là où les pauvres sont humiliés,
la joie là où l'Église est abattue,
la réconciliation là où les hommes sont divisés.

Aide-nous donc à réconcilier
le père avec son fils,
la mère avec sa fille,
le mari avec sa femme,
le croyant avec celui qui ne peut croire,
le chrétien avec son frère chrétien qu'il n'aime pas.

Tu nous ouvres ce chemin
pour que le corps blessé de Jésus-Christ,
ton Église,
soit ferment de communion
pour les pauvres de la terre
et dans toute la famille humaine.

Mère Teresa
("Écoute, Seigneur, ma prière" - PRIER - Ed. Desclée de Brouwer - 1988 - p. 509)

Pardonne-moi de jouer mon personnage

Je te demande, Seigneur, de me débarrasser
une fois pour toutes de mon souci de paraître.

Pardonne-moi d'être trop préoccupé
de l'impression que je donne, de l'effet que je produis,
de ce que l'on pense et dit de moi.

Pardonne-moi de vouloir ressembler aux autres
en oubliant d'être moi-même,
d'envier leurs qualités
en oubliant de développer les miennes.

Pardonne-moi le temps passé
à jouer mon personnage
et le temps perdu
pour construire ma personne.

Accorde-moi, enfin, d'être grand ouvert à mes frères.
Alors, tu pourras par eux, Seigneur,
venir chez moi comme chez ton ami.

Et de moi tu feras cette « personne »
dont tu rêves en ton amour,
car je serai ton fils, ô Père,
et un frère pour mes frères.

Michel Quoist
("Écoute, Seigneur, ma prière" - PRIER
Ed. Desclée De Brouwer - 1988 - p. 163)

Donne-moi la force de pardonner

Toi, Seigneur, tu m'invites à pardonner sans cesse.
Chaque jour, de nombreux événements,
de petits et de gros conflits,
de minuscules et d'énormes malentendus,
me lancent un appel.
Chaque jour retentit l'appel à pardonner.

Mais je n'en ai pas envie, Seigneur,
parce que j'ai l'impression de toujours plier
quand je pardonne.
J'ai l'impression d'être le plus faible,
celui qui n'a pas assez de colonne vertébrale
pour se tenir debout.

122

Puis je me souviens de toi sur la croix.
Il t'en fallait du courage et de l'amour pour dire :
« Père, pardonne-leur,
ils ne savent pas ce qu'ils font. »

Donne-moi donc la force de pardonner sans cesse.
Car je sais, en regardant ta vie et ta mort,
que ce n'est pas de la faiblesse
de ne jamais refuser son pardon.
C'est de la force.
C'est la force de l'amour

Prière canadienne
("Écoute, Seigneur, ma prière" - PRIER - Ed. Desclée de Brouwer - 1988 - p. 165)

Pour nos amis défunts

Seigneur, nous te prions pour nos amis défunts.

Nous te prions pour chacun et chacune
de ceux que nous avons aimés et qui sont morts.
Donne-leur la plénitude de bonheur,
d'amour et de tendresse qui les comble,
et sois l'accomplissement de leur histoire.
Nous te le demandons, par Jésus, ton Fils,
qui a dit : Père, ceux que tu m'as donnés,
je veux que, là où je suis, ils soient aussi avec moi.

Esprit d'amour,
tendresse qui lie le Père au Fils et le Fils au Père,
apprends-nous à ne pas nous replier sur nous-mêmes :
que notre souffrance nous rende
plus attentifs aux autres,
plus proches de leurs joies et de leurs peines,
ouverts aux grands problèmes du monde.

Que notre prière passe par tes mains,
très douce Vierge Marie,
Vierge de douleur, Vierge de compassion.

Enfin, nous osons te le demander, Seigneur :
accorde-nous de sentir
que tous ceux que nous avons aimés,
que nous aimons et qui sont passés en Toi,
interviennent pour nous. Amen.

Dans une paroisse
("Écoute, Seigneur, ma prière" - PRIER
Éd. Desclée De Brouwer - 1988 - p. 506-7)

Prière pour les vocations sacerdotales et religieuses

Esprit Saint,
tu es le feu que Jésus ressuscité
a allumé sur la terre des hommes
pour leur révéler
l'amour sans mesure du Père.

Brûle encore aujourd'hui le cœur des jeunes
afin que, laissant tout pour suivre le Christ,
ils découvrent la vraie joie des disciples.

Envoie-les au milieu de leurs frères,
prêtres au service du peuple de Dieu.

Envoie-les en plein monde,
hommes et femmes au cœur apostolique.

Envoie-les au-delà des frontières,
témoins dévorés par le zèle missionnaire.

Envoie-les dans le silence du désert,
chercheurs passionnés du Dieu vivant.

Esprit d'amour,
donne à tous ces jeunes
le courage de répondre à l'appel
du Père, de l'Église et du monde.
Et que Marie,
humble servante du Seigneur,
livrée à ton Souffle de liberté,
les accompagne sur ce chemin
de lumière et de vie.

(Service national des vocations)

Célébrations

chemin de croix

le sacrement de la réconciliation

liturgie de la messe

messes

la procession du Saint Sacrement

l'onction des malades

chemin de croix

Méditant sur la Passion du Christ, Bernadette disait : "Portons et embrassons la Croix que Jésus nous présente. Demandons-lui, ainsi qu'à la sainte Vierge, force et courage, afin de la porter à leur exemple, sans nous laisser abattre".

Le chemin de Croix est à la fois une prière et un exercice de pénitence.
On peut le faire soit dans la montagne, soit sur la prairie (à proximité des Piscines), soit dans la Basilique Saint Pie X.

Pendant toute la durée du chemin de Croix, il est souhaitable de garder le silence, pour respecter la prière des autres, de se mettre à l'écoute de Dieu et sous le regard de Notre-Dame qui fut présente sur le chemin du Calvaire.

Prologue

Dès que la grille de départ est franchie, jusqu'à la première station on peut méditer ces paroles de l'Évangile :

« Passez par la porte étroite, car large est la porte. Et spacieuse la Route qui mène à la perdition. Et nombreux ceux qui passent par elle. Combien étroite la porte et resserrée la Route qui conduit à la vie. Et rares ceux qui la trouvent. (Matthieu 7, 13-14).

Qui veut sauver sa vie la perdra. Mais celui-ci qui perd sa vie à cause de moi, celui-là la sauvera. (Luc 9, 14).

« Je suis le Chemin, la Vérité et la Vie. » (Jean 14, 6).

Je vous ai donné l'exemple afin que – comme j'ai fait – vous fassiez aussi vous-mêmes. (Jean 12, 15).

Prière

Seigneur, nous voulons suivre le chemin qui t'a conduit au Calvaire.
A suivre cette route, nous comprendrons mieux ce qu'est le péché puisqu'il t'a tant coûté.
Nous comprendrons surtout jusqu'à quel point tu nous as aimés, jusqu'à quel point tu nous appelles à aimer.
Fais que nous nous mettions en marche avec Toi.

Jésus est condamné à mort

Pilate ressort et dit : « Voyez, je vous l'amène dehors pour que vous sachiez que je ne trouve en lui aucun motif de condamnation. » Jésus sort alors, portant la couronne d'épines et le manteau de couleur pourpre.

Pilate leur dit : « Voici l'homme. » Dès qu'ils le voient, les grands prêtres, les gardes et toute la foule crient : Crucifie-le, crucifie-le! (Jean 19, 4-6).

« Pilate, alors, voulant contenter la foule, leur relâche Barabbas et, après l'avoir fait flageller, leur livre Jésus pour être crucifié ». (Marc 15, 15).

Il a été mis au rang des malfaiteurs. (Luc 23, 33).
Je suis le Bon Pasteur, le Bon Pasteur donne sa vie pour ses brebis. (Jean 10, 11).

Le Christ est condamné par ceux qu'Il aime, par ceux qu'Il sauve.
Le monde crucifie ceux qui croient à l'amour.
Moi-même je juge et condamne les autres, sans les écouter, sans essayer de comprendre, je suis dur et souvent impitoyable dans mes jugements.

Prière

Seigneur Jésus,
pour accomplir la volonté de Ton Père, tu t'es fait obéissant jusqu'à la mort de la Croix,
tu as connu la tristesse et la crainte devant les tourments de ta passion et l'angoisse de la mort,
Aide-nous à découvrir dans tous les événements de notre vie, les signes de l'amour du Père,
Augmente notre foi, pour qu'à l'heure de l'épreuve, nous puissions redire avec Toi :
« Que ta volonté soit faite, et non la mienne. »

Jésus est chargé de sa croix

« Les soldats prennent Jésus qui, portant lui-même sa croix, sort de la ville pour aller au lieu dit du Crâne, en hébreu Golgotha ». (Jean 19, 27).

Si quelqu'un veut faire route derrière moi, qu'il renonce à lui-même, qu'il prenne sa croix chaque jour et qu'il me suive. (Luc 9, 23).

Prendre et *Porter* sa croix, comme c'est *difficile*
La croix du travail et de la fatigue
La croix des responsabilités
La croix de la souffrance
La croix des incompréhensions, des critiques
La croix des échecs et des reproches
Notre Croix, comme celle du *Christ*, est *pesante*
avec celle du *Christ*, elle sauve aussi le monde.

Prière

Seigneur Jésus,
La Croix que tu nous as donnée, nous ne l'avons pas choisie, et elle reste lourde à notre faiblesse,
nous Te prions pour ceux qui refusent de la porter avec Toi, pour ceux qui se courbent sous son poids, les malades privés de visite et qui ont besoin de tendresse, les pauvres qui ont soif de justice et d'amour,
que Ta force soit notre force, Ton courage notre courage.

Jésus tombe
pour la première fois

« Ils le conduisent hors de la ville pour le crucifier. »
(Marc 15, 20).

On conduit aussi avec lui, deux malfaiteurs pour être
exécutés. (Luc 23, 32).

« A moins que le grain de froment ne tombe en terre
pour y mourir, il demeure stérile ». (Jean 12, 24).

Quel mystère, Seigneur, de te voir partager notre faiblesse!
La chute c'est-à-dire l'échec, l'insuccès, le péché, est humiliante
pour notre orgueil, c'est douloureux et déprimant.
Quelle est mon attitude vis-à-vis du frère qui tombe ou vit dans
le péché
Indifférence, mépris, abandon, condamnation?
Et pour moi, la Croix est-elle un fardeau qui m'écrase, ou un
appui qui me porte?

Prière

Seigneur, faites de moi un instrument de votre paix
Là où il y a la haine que je mette l'amour
Là où il y a l'offense que je mette le pardon
Là où il y a la discorde que je mette l'union
Là où il y a l'erreur que je mette la vérité
Là où il y a le désespoir que je mette l'espérance
Là où sont les ténèbres que je mette la lumière
Là où est la tristesse que je mette la joie.
Faites que je ne cherche pas tant d'être consolé que de consoler
d'être compris que de comprendre
d'être aimé que d'aimer.

(Prière de Saint François d'Assise).

Jésus rencontre sa mère

« Cet enfant amènera la chute et le relèvement d'un grand nombre en Israël; il doit être un Signe, en butte à la contradiction, et toi-même, un glaive te transpercera l'âme. » (Luc 2, 34-35).

« O vous qui passez par le chemin, regardez et voyez s'il est une douleur semblable à la mienne. » (Lamentations 1, 12).

Et sa mère lui dit : « Mon enfant, pourquoi nous as-tu fait cela ? »
Et il leur dit : « Pourquoi me cherchez-vous? Ne le saviez-vous pas? C'est chez mon Père que je dois être. » (Luc 2, 48-49).

Marie dit alors : « Voici la servante du Seigneur; que tout se passe pour moi selon ta parole. » (Luc 1, 38).

Que fait Marie, sur cette route du Calvaire?
elle met son cœur et ses pensées à l'unisson de son Fils
elle s'associe à la Passion de son Fils et l'offre pour le salut du monde
elle dit avec son Fils : « Père, que Ta volonté soit faite »
elle manifeste le courage et la force de rester debout dans l'épreuve.

Prière

Vierge Marie, soyez auprès
de ceux qui souffrent
de ceux qui crient et pleurent de douleur
de ceux qui se révoltent et maudissent Dieu
de ceux qui ignorent que le Christ a souffert
pour eux et comme eux
et rendez-nous attentifs à tous les malheureux rencontrés sur notre route de tous les jours.

5

**Simon de Cyrène
aide Jésus à porter sa croix**

« Comme ils l'emmènent, ils mettent la main sur un certain Simon de Cyrène qui revient des champs et le chargent de la croix pour la porter derrière Jésus. » (Luc 23, 26).

« Portez les fardeaux les uns des autres. » (Galates 6, 2).

« Quiconque aura donné à boire un verre d'eau fraîche à l'un seulement de ces petits, je vous le dis, il ne perdra pas sa récompense. » (Matthieu 10, 42).

Dieu a toujours eu besoin des hommes.
Simon est réquisitionné pour aider ce condamné qui n'en peut plus.
Il accepte de porter la Croix avec Jésus, c'est ce que le Seigneur demande à chacun de nous.

Prière

*Seigneur Jésus, apprends-nous :
à être généreux
à servir Dieu et les autres
à donner sans compter
à travailler sans chercher le repos
à nous dépenser pour les autres
sans attendre d'autre récompense que d'accomplir Ta Volonté.*

(Saint Ignace de Loyola).

6 EME STATION

Véronique essuie la face de Jésus

« Il n'avait ni beauté, ni éclat pour attirer mes regards, ni apparence pour exciter notre amour. Objet de mépris et rebut de l'humanité, homme de douleurs et familier de la souffrance, comme ceux devant qui on se voile la face, il était méprisé et déconsidéré. » (Isaïe 53, 2-3).

« Il est l'image du Dieu invisible, premier-né de toute créature. » (Colossiens 1, 15).

Les disciples rudoyaient Marie-Madeleine. Mais Jésus dit : « Laissez-la, pourquoi la tracassez-vous ? C'est une bonne action qu'elle a accomplie sur moi. Les pauvres en effet, vous les aurez toujours avec vous, mais moi, vous ne m'aurez pas toujours. »

« En vérité, je vous le dis, partout où sera proclamée la Bonne Nouvelle, dans le monde entier, on redira aussi, à sa mémoire, ce qu'elle vient de faire. » (Matthieu 26, 8-13).

Dans notre monde, les visages accablés ou défigurés,
les corps déformés ou torturés ne manquent pas
les prisonniers, les condamnés,
les malades et les paralysés
les mal nourris, les mal vêtus
les sans espoir, les sans travail.

Prière

Pardon Seigneur de n'avoir pas su ou n'avoir pas voulu Te reconnaître « sous l'habit du mendiant » qui frappait à ma porte, d'avoir offert aux autres un visage où ils ne pouvaient te découvrir, d'avoir délaissé le vieillard abandonné, ignoré le travailleur étranger.
Donne-nous la grâce de T'accueillir en ouvrant notre porte et notre cœur.

Jésus tombe
pour la deuxième fois

« Or, ce sont nos maladies qu'Il a prises sur Lui,
c'est de nos souffrances qu'Il est chargé;
c'est pour nos péchés qu'Il a été transpercé, et écrasé à
cause de nos misères.
Le châtiment qui nous sauve a pesé sur Lui; et c'est
grâce à ses meurtrissures que nous sommes guéris... »
(Isaïe 53, 4-5).

« Délivre-moi, Seigneur, des mauvaises gens :
ceux qui méditent de me faire trébucher
qui tendent un filet sous mes pieds. » (Psaume 130, 2-5).

« Ils te porteront dans leurs mains, de peur que tu ne
heurtes du pied quelque pierre. » (Luc 4, 11).

« Dieu écrit droit avec des lignes courbes »
Tomber et retomber, se relever et reprendre sa marche, sans
jamais désespérer, c'est notre condition de pécheur.
C'est avec les lignes courbes de nos vies que Dieu nous
conduit où il veut.

Prière

Seigneur,
Ma route est longue, longue à n'en plus finir.
Je capitule devant le devoir
Je fuis les responsabilités
J'accepte l'injustice,
Aide-moi de ta grâce afin que je sois pour les autres,
non une source de fautes mais d'enrichissement.

8 EME STATION

Jésus parle aux femmes qui le suivent

Le peuple, en grande foule, suit Jésus, ainsi que des femmes qui se frappent la poitrine et se lamentent sur Lui. Se retournant vers elles, Jésus dit : « Ne pleurez pas sur Moi : pleurez plutôt sur vous-mêmes et sur vos enfants ! » (Luc 23, 26-28).

« Car si l'on traite ainsi l'arbre vert, que deviendra l'arbre sec ? » (Luc 23, 31).

« Bienheureux ceux qui pleurent, parce qu'ils seront consolés. » (Matthieu 5, 5).

Au passage d'un condamné, il est facile et normal de s'apitoyer, mais Jésus nous invite à regarder plus loin. Lui, l'arbre vert, plein de vie, souffre pour l'arbre sec, les pécheurs que nous sommes.
« Voici l'Agneau de Dieu qui porte le péché du monde. »
Savons-nous reconnaître que nous sommes pécheurs et coupables ?
Donne-nous, Seigneur, un cœur nouveau !

Prière

Sainte Marie, Mère de Dieu, gardez-moi un cœur d'enfant, pur et transparent comme une source. Obtenez-moi un cœur simple qui ne savoure pas les tristesses; un cœur magnifique à se donner, tendre à la compassion; un cœur fidèle et généreux qui n'oublie aucun lien et ne tienne rancune d'aucun mal.
Faites-moi un cœur doux et humble, aimant sans demander de retour, joyeux de s'effacer dans un autre cœur devant votre divin Fils, un cœur grand et indomptable, qu'aucune ingratitude ne ferme, qu'aucune indifférence ne lasse, un cœur tourmenté de la gloire de Jésus-Christ, blessé de son amour et dont la plaie ne guérisse qu'au ciel.

(L. de Grandmaison).

9 EME STATION

Jésus tombe
pour la troisième fois

« Vraiment, il a pris sur Lui nos maladies.
Vraiment, il s'est chargé de nos souffrances : il est frappé,
pour nos péchés, – il est blessé, pour nos crimes ». (Is. 53).
« Ils se rient de ma chute, ils s'attroupent contre moi,
ils m'éprouvent, moquerie sur moquerie, grinçant des
dents contre moi. » (Psaume 34).

Trois fois effondré, trois fois redressé, mais toujours relevé
et reparti, le Seigneur nous apprend la vraie confiance.
Pour Pierre aussi... Trois fois il a renié, mais trois fois il pro-
clamera son amour : « Pierre, m'aimes-tu ? »
« Seigneur, tu sais toutes choses, tu sais bien que je t'aime. »
Et le péché encore, c'est croire que l'on n'est plus aimé...

Prière

*Seigneur, frappe, frappe à la racine, cette ladrerie de mon cœur
donne-moi la force de supporter légèrement mes chagrins et mes
joies; donne-moi la force de rendre mon amour abondant en
services; donne-moi la force de ne jamais désavouer les pauvres
ni plier le genou devant le pouvoir insolent; donne-moi la force
d'élever mon esprit, loin au-dessus des futilités quotidiennes.
Et donne-moi la force de soumettre ma force à ta volonté,
avec amour.*

(Tagore)

Jésus est dépouillé de ses vêtements

Les soldats prennent ses vêtements dont ils font quatre parts, une pour chaque soldat, et la tunique. Cette tunique était sans couture, tissée d'une pièce de haut en bas : ils se disent entre eux : ne la déchirons pas, mais tirons au sort qui l'aura! Voilà ce que font les soldats. (Jean 19, 23-24).

« Nu, je suis sorti du sein maternel, nu j'y retournerai, Dieu avait donné, Dieu a repris : que son nom soit béni. » (Job 1, 21).

Donne à quiconque te demande et si l'on te ravit ton bien, ne réclame pas, à qui t'enlève ton manteau, donne aussi ta tunique. (Luc 6, 29-30).

« Quiconque d'entre vous ne renonce pas à tout ce qu'il possède, ne peut être mon disciple. » (Luc 19, 33).

Le Seigneur, auteur de la vie, Maître du monde, est né pauvre, a vécu pauvre, il meurt pauvre, dépouillé non seulement de ses vêtements, mais aussi de sa réputation, de son honneur.
Se dépouiller de soi-même, renoncer à son confort, à son argent, à son indépendance, à ses idées, à sa santé, à ses affections, c'est toujours très crucifiant.

Prière

Seigneur,
Nous sommes à Toi
Prends nous tout entiers pour ta gloire
Voici nos corps : garde-les forts en ton Amour
Voici nos cœurs : garde-les purs en ton Amour
Voici nos esprits : baigne-les dans ta lumière.

Jésus est attaché à la croix

« **Arrivés au lieu dit Golgotha, ils le crucifient ainsi que deux malfaiteurs, l'un à droite, l'autre à gauche...**
« **Près de la croix de Jésus se tiennent sa Mère, la sœur de sa Mère, et Marie de Magdala...** » (Jean 19, 25).

De la Croix, instrument de supplice, Dieu a fait le signe du salut. La cause du scandale est devenue le signe de la foi : la malédiction, un geste de bénédiction ; l'objet des désespoirs et des blasphèmes, un signe d'espérance et d'action de grâces ; le gibet honteux, la Croix glorieuse.

Prière

*Seigneur, voici ma liberté entière
voici ma mémoire, mon intelligence, toute ma volonté
Tout ce que je suis
Tout ce que je possède
C'est vous qui me l'avez donné
Je vous le rends, sans rien me réserver
Disposez-en selon votre bon plaisir
Donnez-moi seulement votre amour et votre grâce
Je serai assez riche, et je ne désire rien d'autre.*

(Saint Ignace de Loyola).

12 EME STATION

Jésus meurt sur la croix

« Or Jésus disait : Père! pardonne-leur, car ils ne savent ce qu'ils font. » (Luc 23, 34).

« Jésus dit à sa Mère : Femme, voilà ton fils... Ensuite, il dit au disciple : Voilà ta Mère. » (Jean 19, 26-27).

« Jésus dit au larron : En vérité, je te le dis, aujourd'hui tu seras avec moi, dans le Paradis. » (Luc 23, 43).

« Vers la neuvième heure, Jésus s'écria d'une voix forte : « Éli, Éli, lama sabactani? c'est-à-dire : Mon Dieu, mon Dieu, pourquoi m'as-tu abandonné? » (Matthieu 27, 46).

« Afin que fût consommée l'Écriture, Jésus dit : J'ai soif! » (Jean 19, 28).

« Lors donc que Jésus eut pris le vinaigre, il dit : « Tout est accompli. » (Jean 19, 30).

« Jésus dit, en un grand cri : Père, je remets mon esprit entre tes mains.
Et, inclinant la tête, il expira. » (Luc 23, 46).

« Voyant qu'il vient ainsi de mourir, le centurion qui se tient en face de Lui, s'écrie : Vraiment, cet homme était le Fils de Dieu! » (Marc 15, 39).

(Les 7 paroles du Christ en Croix.)

Ici, on observe un temps de silence.

Prière

Dieu éternel et tout-puissant,
pour montrer au genre humain quel abaissement
il doit imiter, tu as voulu que notre Sauveur
dans un corps semblable au nôtre, subisse la mort de la Croix.
Accorde-nous cette grâce de retenir les enseignements de sa
Passion et d'avoir part à sa Résurrection.

13 ^{EME STATION}

**Jésus est descendu
de la croix**

« Joseph d'Arimathie, membre notable du Conseil, qui
attendait lui aussi le royaume de Dieu, s'en vint hardiment
trouver Pilate et demande le corps de Jésus. Pilate s'étonne
qu'il soit déjà mort. Informé par le Centurion, il accorde
le corps à Joseph. Celui-ci, ayant acheté un linceul,
descend Jésus de la croix et l'enveloppe dans le linceul. »
(Marc 15, 43-46).

Il se trouva qu'on emportait un mort, fils unique de sa
mère... Et Jésus le rendit à sa mère. (Luc 7, 12 15).

Combien de mères tenant dans les bras le corps d'un enfant
souffrant, disloqué par un accident de travail ou de la route,
victime des guerres ou des révolutions, s'interrogent : « Qu'ai-
je fait pour subir cela? »
Et Marie qu'avait-elle fait de mal?
La souffrance est un mystère et non une punition.

Prière

*Vierge Sainte,... Jetez un regard de bonté sur ceux qui sont dans
la souffrance, qui luttent contre les difficultés.
Ayez pitié de ceux qui s'aimaient et qui ont été séparés.
Ayez pitié de l'isolement du cœur
Ayez pitié de la faiblesse de notre foi
Ayez pitié de ceux qui pleurent, de ceux qui prient,
de ceux qui tremblent
A tous, Marie, donnez l'Espérance et la Paix!*

(Abbé Perreyve).

14 ᴱᴹᴱ STATION

Jésus est mis au tombeau

« Ils prennent le corps de Jésus et l'entourent de bande-lettes, avec les aromates, selon la coutume d'ensevelir des Juifs.

A l'endroit où Il a été crucifié, il y a un jardin, et, dans ce jardin, un tombeau neuf; personne n'y a encore été mis.

Comme le tombeau est tout proche, c'est là qu'ils déposent Jésus. » (Jean 19, 40-42).

Joseph d'Arimathie roule une grande pierre à l'entrée du tombeau et s'en va.

Marie de Magdala et Marie, mère de José, regardent où on l'a mis. (Marc 15, 46-47).

C'est la grande épreuve de la foi. Les Apôtres eux-mêmes sont désemparés. Tenant sur ses genoux son Fils mort, Marie nous apparaît comme l'image suprême de l'Église gardant l'Espérance au milieu des pires ténèbres. Tel est le chemin de croix du Christ qui se continue dans celui de l'humanité.

Prière

Seigneur donne à tout être que torture la douleur physique ou morale de comprendre le mystère de la souffrance et de l'épreuve. Aide-nous à porter partout l'espérance et la joie.

15^{EME STATION}

Jésus est ressuscité

Le premier jour de la semaine, de grand matin, les saintes femmes vinrent au monument, portant les aromates qu'elles avaient préparés. Or elles trouvèrent que la pierre avait été roulée de devant le tombeau. Et étant entrées, elles ne trouvèrent pas le corps du Seigneur Jésus. Et tandis qu'elles ne savaient à quoi s'en tenir, voici que deux hommes se présentèrent à elles, avec un vêtement éblouissant. Comme elles étaient saisies d'effroi et inclinaient le visage vers la terre, ils leur dirent : Pourquoi cherchez-vous parmi les morts celui qui est vivant ? Il n'est pas ici, mais il est ressuscité. (Luc 24, 1-6).

L'amour de Dieu est plus fort que la mort.
Christ est ressuscité, et la vie triomphe.
Christ est ressuscité, et germe dans la nuit l'allégresse du monde.
Notre Sauveur rayonne dans la nuit, et relève le front de tous ses frères humiliés. Notre Libérateur est vivant, et, de nos yeux de chair, nous le verrons un jour face à face.

Prière

Il est juste et bon de te rendre gloire, de t'offrir notre action de grâces, toujours et en tout lieu, à Toi, Père Très Saint, Dieu éternel et Tout-Puissant.
Car le Christ est l'Agneau véritable
qui a enlevé le péché du monde.
Souviens-toi de Jésus Christ
Ressuscité d'entre les morts,
Il est notre salut,
Notre gloire éternelle.

On peut aussi prendre l'antienne à la Vierge : "Regina coeli" page 99.

Le pèlerinage nous apporte une chance de tourner – ou de retourner – toute notre vie vers Dieu. Nous retourner vers Dieu, cela s'appelle aussi nous convertir; et nous convertir, c'est accueillir l'avenir que nous ouvre le Christ.

Le pèlerinage est aussi une chance de nous mettre ou de nous remettre en marche, ensemble, à la rencontre du Seigneur.

Ce retournement, cette remise en marche, cette réconciliation avec Dieu et avec nos frères, le Sacrement de la Réconciliation (on l'appelait autrefois la Pénitence) va nous en ouvrir le chemin. Il va donc engager tout notre avenir après le pèlerinage.

Aussi ne pourrons-nous le recevoir sans une sérieuse préparation : pour nous y préparer, nous nous laisserons interpeller par la Parole de Dieu et par la communauté de nos frères. C'est principalement au cours d'une célébration de la pénitence avec l'ensemble des pèlerins que nous entendrons efficacement cet appel.

Ne courons donc pas dès notre arrivée à Lourdes vers la chapelle de la Réconciliation : attendons de nous être préparés ensemble à rencontrer Dieu dans le sacrement.

Le Seigneur est tendresse et pitié,
lent à la colère et plein d'amour;
il n'agit pas envers nous selon nos fautes,
ne nous rend pas selon nos offenses.

aussi loin qu'est l'orient de l'occident,
il met loin de nous nos péchés;
comme la tendresse du père pour ses fils,
la tendresse du Seigneur pour qui le craint!

(Psaume 102)

Dieu est amour...

il nous invite à l'aimer, à aimer aussi les autres
« comme il nous a aimés ».

... Nous sommes pécheurs.

Nous ne tenons pas compte de ce que Dieu a voulu
par amour pour les hommes.

... Mais le Seigneur nous offre son pardon,

si, en écoutant sa Parole, nous nous reconnaissons
pécheurs.

Dieu seul peut purifier notre cœur. Psaume 50 :

Pitié pour moi, mon Dieu, dans ton amour,
selon ta grande miséricorde, efface mon péché.
Lave-moi tout entier de ma faute,
purifie-moi de mon offense.

Oui, je connais mon péché,
ma faute est toujours devant moi.
Contre toi, et toi seul, j'ai péché,
ce qui est mal à tes yeux, je l'ai fait.

Ainsi, tu peux parler et montrer ta justice,
être juge et montrer ta victoire.
Moi, je suis né dans la faute,
j'étais pécheur dès le sein de ma mère.

Mais tu veux au fond de moi la vérité;
dans le secret, tu m'apprends la sagesse.
Purifie-moi avec l'hysope, et je serai pur;
lave-moi et je serai blanc, plus que la neige.

Fais que j'entende les chants et la fête :
ils danseront, les os que tu broyais.
Détourne ta face de mes fautes,
enlève tous mes péchés.

Crée en moi un cœur pur, ô mon Dieu,
renouvelle et raffermis au fond de moi mon esprit.
Ne me chasse pas loin de ta face,
ne me reprends pas ton esprit saint.

Le Père des miséricordes : Luc 15,1 à 3 et 11 à 32.

Les publicains et les pécheurs s'approchaient de Jésus pour l'entendre. Les pharisiens et les scribes récriminaient : « Il accueille les pécheurs, et il mange avec eux ! » Alors il leur dit cette parabole : Un homme avait deux fils. Le plus jeune dit à son père : « Père, donne-moi la part de fortune qui me revient ». Le père leur partagea sa fortune.

Quelques jours après, le plus jeune rassembla tout son avoir et partit pour un pays lointain où il dissipa toute sa fortune dans une vie de folies. Quand il eut tout dépensé, une grande famine survint dans le pays, et lui-même connut la misère. Il alla se mettre au service d'un citoyen de ce pays, et celui-ci l'envoya aux champs garder les porcs. Il avait envie de se remplir le ventre des gousses que mangeaient les porcs, mais personne ne lui en donnait. Faisant un retour sur lui-même, il dit : « Combien de journaliers, chez mon père, ont du pain à profusion tandis que moi, ici, je meurs de faim ! Je me lèverai, j'irai vers mon père, et je lui dirai : Père, j'ai péché contre le ciel et contre toi ; je ne suis plus digne d'être appelé ton fils ; traite-moi comme l'un de tes journaliers ». Il se leva et partit vers son père.

Il était encore loin quand son père le vit et, saisi de compassion, accourut, se jeta à son cou et l'embrassa. Alors le fils lui dit : « Père, j'ai péché contre le ciel et contre toi ; je ne suis plus digne d'être appelé ton fils ». Mais le père dit à ses serviteurs : « Vite, apportez la plus belle robe et habillez-le, mettez-lui un anneau à la main et des chaussures aux pieds. Amenez le veau gras, tuez-le, mangeons et festoyons, car mon fils que voici était mort, et il revenu à la vie ! Il était perdu, et il est retrouvé ! » Ils se mirent donc à festoyer.

Or, le fils aîné était aux champs. A son retour, lorsqu'il approcha de la maison, il entendit la musique et les danses. Il appela un des serviteurs et lui demanda ce que c'était. Le serviteur lui dit : « Ton frère est revenu, et ton père a tué le veau gras parce qu'il l'a retrouvé en bonne santé ». Alors il se mit en colère et refusa d'entrer. Son père sortit pour l'en prier. Mais il répondit à son père : « Voilà tant d'années que je te sers, et jamais tu ne m'as donné un chevreau pour festoyer avec mes amis. Mais lorsque ton fils que voici, qui a mangé son bien avec les prostituées, est revenu, tu as tué pour lui le veau gras ». Le père lui dit : « Mon enfant, tu es toujours avec moi et tout ce qui est à moi est à toi. Mais il fallait festoyer et se réjouir, car ton frère que voici était mort et il est revenu à la vie, il était perdu, et il est retrouvé ».

reconnaître son péché

C'est parce que je sais l'amour de Dieu que je découvre mon péché. Puisque Dieu m'aime et qu'il aime tous les humains, chaque fois que je refuse d'aimer Dieu, chaque fois que je refuse d'aimer mes frères et de m'aimer moi-même vraiment, chaque fois je me mets en situation de péché. Je n'ai pas simplement désobéi à une loi; j'ai dit non à quelqu'un, j'ai refusé de l'aimer.

Alors, j'ai besoin d'entendre les appels de Dieu sur moi, d'écouter le cœur de Dieu pour mieux percevoir en quoi j'ai été infidèle aux exigences de cet amour que l'Évangile me demandait d'avoir : dans ma vie personnelle,... familiale,... sociale,... professionnelle,... selon que je suis jeune,... adulte,... plus âgé...

En quoi ai-je manqué à l'amour de Dieu? à l'amour du prochain? à l'amour bien compris de moi-même?

Comment n'ai-je pas répondu à ce que Dieu et les autres attendaient de moi...

Voilà les grandes questions que je me poserai, dans un examen de conscience sérieux (et qui peut être plus détaillé), afin de bien voir clair en moi, à la lumière des attentes de Dieu.

Et je n'oublierai pas de rechercher comment le péché peut être plus ou moins important, plus ou moins grave, selon ma propre situation, selon ma propre responsabilité.

Pour vous aider, vous pouvez :
- utiliser les textes bibliques de ce manuel (par exemple, l'hymne à la charité, p. 80 ; psaume 31, p. 148, psaume 62, p. 89 ; les Béatitudes, p. 77, etc.),
- faire le chemin de croix, p. 125,
- relire le texte du message de Lourdes, p. 28,
- utiliser les méditations du Rosaire, p. 111.

recevoir le pardon de Dieu

Éclairé par tout ce qui précède, l'aveu de mes fautes pourra être bref. L'essentiel n'est pas de tout dire, mais de dire l'important : ce qui arrête, ce qui fait problème, ce qui ferme ma vie à Dieu ou aux autres.

Dieu n'est ni un comptable, ni un inquisiteur... Dieu est un Père qui nous connaît et qui nous aime.

Alors, nous répondrons au don de la réconciliation qu'il nous propose par la sincérité de notre démarche de pénitence.

En dehors du Sacrement de la Réconciliation, nous pouvons chaque jour recevoir le pardon du Seigneur.

En effet le Seigneur pardonne :

– à celui qui pardonne : « Pardonnez-nous nos offenses comme aussi nous pardonnons à ceux qui nous ont offensés. » (Matthieu 6, 12);

– à celui qui partage avec ses frères et se dépense à leur service : « Conservez entre vous une grande charité, car la charité couvre une multitude de péchés. » (1re Lettre de Pierre 4, 8);

– à celui qui travaille à soulager la misère et les souffrances du prochain : « Heureux les doux, ... les artisans de paix, ... les miséricordieux... » (Matthieu 5, 4... 7); Ce que vous aurez fait au plus petit d'entre les miens, c'est à moi que vous l'aurez fait » (Matthieu 25, 40);

– à celui qui appelle Dieu par la prière : prier, c'est faire confiance à Dieu et nous reconnaître dépendants de lui; c'est nous placer tout entiers devant lui, avec ce qui dans notre vie n'est pas encore « réconcilié » avec lui.

Au début de la Messe, la *préparation pénitentielle* est un moment privilégié de la prière commune qui réconcilie. Mais c'est dans le Sacrement de la Réconciliation que s'expriment en plénitude, et le pardon de Dieu, et la communauté de salut qu'est l'Église.

plusieurs façons de célébrer la Réconciliation

L'Église, en nous transmettant la Parole de Dieu, nous révèle son amour passionné ; l'Église, au nom de Jésus, par le ministère du prêtre, nous donne le pardon. Jamais un sacrement n'est acte personnel ou privé.

Deux formes de célébration, qui se complètent, nous permettent de vivre la richesse du sacrement :

- La célébration individuelle est la forme ordinaire du sacrement de Réconciliation : elle prend acte de notre responsabilité personnelle, elle permet une rencontre entre le fidèle, qui peut faire une confession plus détaillée, et le prêtre, qui peut donner des conseils adaptés.

- La célébration communautaire souligne la solidarité des disciples de Jésus dans la condition de pécheurs, mais aussi dans la joie du pardon et dans le témoignage.

La réconciliation de plusieurs pénitents comporte la confession et l'absolution individuelles au terme d'une célébration pénitentielle. Mais, en certains cas exceptionnels, qu'il appartient à l'Évêque d'apprécier, il peut y avoir confession et absolution collectives. Alors nous sera manifesté, de façon très visible, la gratuité du pardon de Dieu. A nous de ne pas oublier que le péché engage toujours notre responsabilité personnelle.

célébration individuelle du sacrement de la Réconciliation

1. Préparation personnelle.

On peut s'aider des pages 141-146 de ce manuel.
Il est bon de choisir un passage de l'Évangile ou de la Bible qui orientera la confession.
A Lourdes, à la « chapelle de la Réconciliation », on trouve des feuillets pour aider à faire un « examen de conscience ».

2. Accueil mutuel.

Vous pouvez dire : *Bénissez-moi, mon Père, parce que j'ai péché.* Le prêtre et le pénitent font ensemble le signe de la Croix.
Si le prêtre ne vous connaît pas, il peut être utile de vous présenter rapidement : situation familiale, âge, profession, responsabilités...

3. Lecture de la Parole de Dieu.

Vous pouvez dire : « *Pour me préparer j'ai lu ce passage de la Bible...* » (Si c'est possible, le prêtre, ou le pénitent, lit ce passage.)

4. Confession des péchés.

Par exemple : « *Ce passage de l'Évangile m'a rappelé que...* » *ou bien* : « *j'ai péché contre la volonté de Dieu en faisant ceci... ou en ne faisant pas cela...* »

Le prêtre pourra vous aider à découvrir d'autres points importants dans votre vie et vous donner quelques conseils.

Il vous proposera un geste de conversion et de pénitence : prière, partage, effort particulier, service du prochain... Vous pouvez proposer vous-même un autre geste pour exprimer votre désir de renouveau dans votre vie.

5. Prière pour accueillir le pardon.

Chaque fois que c'est possible, le prêtre et le pénitent prient ensemble : soit le *Notre Père*, soit quelques versets de psaumes, par exemple :

« Rappelle-toi, Seigneur, ta tendresse,
ton amour qui est de toujours.
Oublie les révoltes, les péchés de ma jeunesse;
dans ton amour, ne m'oublie pas » (Psaume 24)

ou bien : « Pitié pour moi, mon Dieu..., etc. »
(Psaume 50, page 142)

Vous pouvez aussi exprimer votre regret, votre désir du pardon de Dieu, avec vos propres mots ou avec une des prières suivantes :
– « Jésus, Fils du Dieu Sauveur,
   prends pitié de moi pécheur »
– « Père, j'ai péché contre toi,
   je ne mérite plus d'être appelé ton enfant.
   Prends pitié du pécheur que je suis. »
– « Mon Dieu, j'ai péché contre toi et contre mes frères. »

6. L'absolution sacramentelle.

Les mains étendues, le prêtre dit la prière de réconciliation :
**Que Dieu notre Père vous montre sa miséricorde ;
par la mort et la résurrection de son Fils,
il a réconcilié le monde avec lui
et il a envoyé l'Esprit Saint pour la rémission des péchés :
Par le ministère de l'Église,
qu'il vous donne le pardon et la paix.
Et moi, au nom du Père du Fils, et du Saint-Esprit,
je vous pardonne tous vos péchés.
R. Amen.**

7. Louange de Dieu et envoi.

Le prêtre invite à l'action de grâce.

« Rendez grâce au Seigneur, car il est bon.

R. Éternel est son Amour.

Le Seigneur vous a pardonné. Faites de même. »

ou bien :

« Allez dans la paix et la joie du Christ.

R. Béni soit Dieu, maintenant et toujours. »

ou bien :

« Que votre vie témoigne de l'amour de Dieu avec tous les chrétiens. Allez dans la paix du Christ. »

ou encore :

« Que la Passion de Jésus Christ, notre Seigneur,
l'intercession de la Vierge Marie et de tous les saints,
tout ce que vous ferez de bon et supporterez de pénible
contribue au pardon de vos péchés, augmente en vous
la grâce pour que vous viviez avec Dieu. »

pour rendre grâce
après la Réconciliation

Heureux l'homme dont la faute est enlevée,
et le péché remis!
Heureux l'homme dont le Seigneur ne retient pas l'offense,
dont l'esprit est sans fraude!

Je me taisais et mes forces s'épuisaient
    à gémir tout le jour : +
ta main, le jour et la nuit,
    pesait sur moi;
ma vigueur se desséchait
    comme l'herbe en été.

Je t'ai fait connaître ma faute,
    je n'ai pas caché mes torts. +
J'ai dit : « Je rendrai grâce au Seigneur
    en confessant mes péchés. »
Et toi, tu as enlevé
    l'offense de ma faute.

Ainsi chacun des tiens te priera
  aux heures décisives;
même les eaux qui débordent
  ne peuvent l'atteindre.

Tu es un refuge pour moi,
  mon abri dans la détresse;
de chants de délivrance,
  tu m'as entouré.

« Je vais t'instruire, te montrer la route à suivre,
  te conseiller, veiller sur toi.
l'amour du Seigneur entourera
ceux qui comptent sur lui.

Que le Seigneur soit votre joie!
  Exultez, hommes justes!
Hommes droits, chantez votre allégresse!

(Psaume 31)

liturgie de rassemblement

Lourdes! Cité mariale sur la terre de France,
où nous sommes venus, attirés par la Vierge Marie.

La langue, les usages, les costumes, la couleur du visage témoignent de notre diversité.
La santé et la joie, la maladie et la souffrance, l'âge et les conditions de vie, le milieu social et la culture révèlent nos différences.
Diversité et différences, visages du monde, visage de l'Église terrestre.

Ce qui nous réunit, c'est notre confiance en Marie, la Vierge immaculée. Mère de Dieu et mère des hommes, elle nous achemine vers son fils Jésus Christ.

Nous voici ensemble
avec nos pasteurs

1 La grâce de Jésus notre Seigneur,
l'amour de Dieu le Père
et la communion de l'Esprit Saint
soient toujours avec vous.
   ■ **Et avec votre esprit.**

2 Le Seigneur soit avec vous.
   ■ **Et avec votre esprit.**

3 Que Dieu notre Père
et Jésus Christ notre Seigneur
vous donnent la grâce et la paix.
   ■ **Béni soit Dieu, maintenant et toujours!**

Nous nous reconnaissons pécheurs

1 **Je confesse à Dieu tout-puissant,
je reconnais devant mes frères,
que j'ai péché,
en pensée, en parole,
par action et par omission :
oui, j'ai vraiment péché.
C'est pourquoi je supplie la Vierge Marie,
les anges et tous les saints,
et vous aussi, mes frères,
de prier pour moi le Seigneur notre Dieu.**

2 Seigneur, accorde-nous ton pardon.
   ■ **Nous avons péché contre toi.**

   Montre-nous ta miséricorde.
   ■ **Et nous serons sauvés.**

3 Seigneur Jésus, envoyé par le Père
   pour guérir et sauver les hommes,
   prends pitié de nous.
   ■ **Prends pitié de nous.**

   O Christ, venu dans le monde
   appeler tous les pécheurs,
   prends pitié de nous.
   ■ **Prends pitié de nous.**

   Seigneur, élevé dans la gloire du Père,
   où tu intercèdes pour nous,
   prends pitié de nous.
   ■ **Prends pitié de nous.**

*Nous sommes sauvés par la mort
et la résurrection de Jésus Christ*

Que Dieu tout-puissant nous fasse miséricorde,
qu'Il nous pardonne nos péchés
et nous conduise à la Vie Éternelle.
■ **Amen.**

Nous supplions le Seigneur de l'univers
(après la formule pénitentielle 1 et 2)

Seigneur, prends pitié	Kyrie eleison
O Christ, prends pitié	Christe eleison
Seigneur, prends pitié	Kyrie eleison

*Nous acclamons le Père et celui
qui a reçu du Père l'honneur et la gloire*

Gloire à Dieu, au plus haut des cieux,
■ **Et paix sur la terre aux hommes qu'il aime.**
Nous te louons, nous te bénissons, nous t'adorons,
■ **Nous te glorifions, nous te rendons grâce,**
pour ton immense gloire.
Seigneur Dieu, Roi du ciel, Dieu le Père tout-puissant.
■ **Seigneur, Fils unique, Jésus Christ.**
Seigneur Dieu, Agneau de Dieu, le Fils du Père;
■ **Toi qui enlèves le péché du monde, prends pitié de nous;**
Toi qui enlèves le péché du monde, reçois notre prière;
■ **Toi qui es assis à la droite du Père, prends pitié de nous.**
Car toi seul es saint.
■ **Toi seul es Seigneur,**
Toi seul es le Très-Haut : Jésus Christ, avec le Saint-Esprit
■ **Dans la gloire de Dieu le Père.**
Amen.

Gloria in excelsis Deo
Et in terra pax hominibus bonae voluntatis.
Laudamus te, Benedicimus te, Adoramus te,
Glorificamus te, gratias agimus tibi propter magnam gloriam
tuam,
Domine Deus, Rex caelestis, Deus Pater omnipotens.
Domine Fili unigenite, Jesu Christe,
Domine Deus, Agnus Dei, Filius Patris,
Qui tollis peccata mundi, miserere nobis:
Qui tollis peccata mundi, suscipe deprecationem nostram.
Qui sedes ad dexteram Patris, miserere nobis.
Quoniam tu solus Sanctus,
Tu solus Dominus,
Tu solus Altissimus, Jesu Christe,
Cum Sancto Spiritu, in gloria Dei Patris.
Amen.

*Nous faisons passer notre prière
par l'unique médiateur qui intercède en notre faveur*

Prière d'ouverture   ■ **Amen.**

Liturgie de la parole

Un livre, la Bible, nous apporte la Parole de Dieu, transmise *jusqu'à nous, à travers l'Histoire de son Peuple, depuis les Patriarches jusqu'à son Fils Jésus Christ.*

Lecture de l'Ancien ou du Nouveau Testament

Écoutons la proclamation de la Parole dans notre assemblée.

Le refrain nous associe davantage au Psaume

Prions Dieu pour que sa Parole pénètre notre cœur et notre intelligence.

Alléluia

Convertissez-vous et croyez à l'évangile. Pénitence! Pénitence! Pénitence!

Annonce de l'Évangile

La semence est jetée en nous.

Homélie et réflexion personnelle

Le terrain qu'est notre vie a certes besoin d'être travaillé.

Profession de foi catholique

Je crois, Seigneur; viens au secours de notre foi fragile.

Symbole de Nicée :

J e crois en un seul Dieu,
■ **le Père tout-puissant, créateur du ciel et de la terre,**
de l'univers visible et invisible.
Je crois en un seul Seigneur, Jésus Christ,
le Fils unique de Dieu, né du Père avant tous les siècles :
■ **Il est Dieu, né de Dieu,**
lumière, née de la lumière,
vrai Dieu, né du vrai Dieu,

Engendré, non pas créé, de même nature que le Père;
et par lui tout a été fait.

154 ■ **Pour nous les hommes, et pour notre salut,
il descendit du ciel;**

Par l'Esprit Saint, il a pris chair de la Vierge Marie,
et s'est fait homme.

■ **Crucifié pour nous sous Ponce Pilate,
il souffrit sa passion et fut mis au tombeau.**

Il ressuscita le troisième jour, conformément aux Écritures,
et il monta au ciel; il est assis à la droite du Père.

■ **Il reviendra dans la gloire, pour juger les vivants et les morts;
et son règne n'aura pas de fin.**

Je crois en l'Esprit Saint, qui est Seigneur et qui donne la vie;
il procède du Père et du Fils;

■ **Avec le Père et le Fils, il reçoit même adoration et même
gloire; il a parlé par les prophètes.**

Je crois en l'Église, une, sainte, catholique et apostolique.

■ **Je reconnais un seul baptême pour le pardon des péchés.**

J'attends la résurrection des morts, et la vie du monde à venir.

■ **Amen.**

Symbole des Apôtres:

Je crois en Dieu, le Père tout-puissant,
créateur du ciel et de la terre.

**Et en Jésus Christ, son Fils unique, notre Seigneur,
qui a été conçu du Saint-Esprit,
est né de la Vierge Marie,
a souffert sous Ponce Pilate,
a été crucifié, est mort et a été enseveli,
est descendu aux enfers,
le troisième jour est ressuscité des morts,
est monté aux cieux,
est assis à la droite de Dieu le Père tout-puissant,
d'où il viendra juger les vivants et les morts.**

**Je crois en l'Esprit Saint,
à la sainte Église catholique,
à la communion des saints,
à la rémission des péchés,
à la résurrection de la chair,
à la vie éternelle.
Amen.**

Credo in unum Deum,
Patrem omnipotentem, factorem caeli et terrae,
visibilium omnium et invisibilium.
Et in unum Dominum Jesum Christum, Filium Dei unigenitum,
et ex Patre natum ante omnia saecula.
Deum de Deo, lumen de lumine, Deum verum de Deo vero,
Genitum, non factum, consubstantialem Patri : per quem omnia
facta sunt.
Qui propter nos homines et propter nostram salutem descendit
de caelis.
Et incarnatus est de Spiritu Sancto ex Maria Virgine,
et homo factus est.
Crucifixus etiam pro nobis sub Pontio Pilato, passus et sepultus
est, et resurrexit tertia die, secundum Scripturas,
Et ascendit in caelum, sedet ad dexteram Patris.
Et iterum venturus est cum gloria judicare vivos et mortuos,
cujus regni non erit finis.
Et in Spiritum Sanctum, Dominum et vivificantem : qui ex
Patre Filioque procedit.
Qui cum Patre et Filio simul adoratur et conglorificatur : qui
locutus est per prophetas.
Et unam, sanctam, catholicam et apostolicam Ecclesiam.
Confiteor unum baptisma in remissionem peccatorum.
Et exspecto resurrectionem mortuorum,
et vitam venturi saeculi. Amen.

Dans son amour Dieu veut
que tous les hommes soient sauvés

Prière universelle

Témoins de cet amour et de cette miséricorde au cœur du monde,
faisons des demandes, des prières fraternelles, des supplications
pour tous les hommes.

... par Jésus, le Christ, notre Seigneur.
■ **Amen.**

Liturgie de l'Eucharistie

Dons du Créateur, épanouis par le travail de l'Homme,
Expression du labeur quotidien et de la souffrance humaine,
Don de nous-mêmes à Dieu,
le Pain et le Vin sont apportés sur l'autel.

Préparation du pain et du vin

Présentation du Pain

Tu es béni, Dieu de l'univers !
toi qui nous donnes ce pain,
fruit de la terre et du travail des hommes ;
nous te le présentons :
il deviendra le pain de la vie.
■ **Béni soit Dieu, maintenant et toujours !**

Présentation de la Coupe

Tu es béni, Dieu de l'univers,
toi qui nous donnes ce vin,
fruit de la vigne et du travail des hommes ;
nous te le présentons :
il deviendra le vin du Royaume éternel.
■ **Béni soit Dieu, maintenant et toujours.**

Prière sur les offrandes

Prions ensemble,
au moment d'offrir le sacrifice de toute l'Église
■ **pour la gloire de Dieu et le salut du monde.**

La prière eucharistique

L'eucharistie : mystère de la foi
où se réalise le dessein d'amour de Dieu sur le monde, où s'enra-
cinent nos projets humains.
Mystère de l'Alliance et de la Présence
dans l'offrande du sacrifice du Seigneur.
Mémorial de la Mort et de la Résurrection.
Mystère de la transfiguration de notre activité d'homme dans
l'Univers.
Mystère de communion et d'unité qui constitue l'Église, Corps
du Christ.

PRIÈRE EUCHARISTIQUE 1

(Canon Romain)

invitation à l'action de grâce

Le Seigneur soit avec vous.
■ **Et avec votre esprit.**

Élevons notre cœur.
■ **Nous le tournons vers le Seigneur.**

Rendons grâce au Seigneur notre Dieu.
■ **Cela est juste et bon.**

préface de la Vierge Marie I

V raiment, il est juste et bon de te rendre gloire, de t'offrir notre action de grâce toujours et en tout lieu, à toi, Seigneur, Père très saint, Dieu éternel et tout-puissant.
En ce jour où nous célébrons la fête (la nommer) de la bienheureuse Vierge Marie (où nous honorons la bienheureuse Vierge Marie), nous voulons te chanter, te bénir et te glorifier. Car elle a conçu ton Fils unique, lorsque le Saint-Esprit la couvrit de son ombre, et, gardant pour toujours la gloire de sa virginité, elle a donné au monde la lumière éternelle, Jésus Christ, notre Seigneur.
C'est par lui que les anges célèbrent ta grandeur, que les esprits bienheureux adorent ta gloire, que s'inclinent devant toi les puissances d'en-haut, et tressaillent d'une même allégresse les innombrables créatures des cieux. A leur hymne de louange, laisse-nous joindre nos voix pour chanter et proclamer :

première acclamation de l'assemblée

Saint! Saint! Saint, le Seigneur, Dieu de l'univers!
Le ciel et la terre sont remplis de ta gloire.
Hosanna au plus haut des cieux.
Béni soit celui qui vient au nom du Seigneur.
Hosanna au plus haut des cieux.

Sanctus! Sanctus! Sanctus Dominus Deus Sabaoth!
Pleni sunt caeli et terra gloria tua.
Hosanna in excelsis.
Benedictus qui venit in nomine Domini.
Hosanna in excelsis.

158 P ère infiniment bon,
toi vers qui montent nos louanges,
nous te supplions
par Jésus Christ, ton Fils, notre Seigneur,
d'accepter et de bénir
ces offrandes saintes.

Nous te les présentons
avant tout pour ta sainte Église catholique :
accorde-lui la paix et protège-la,
daigne la rassembler dans l'unité
et la gouverner par toute la terre;
nous les présentons en même temps
pour ton serviteur le Pape N.,
pour notre évêque N.,
et tous ceux qui veillent fidèlement
sur la foi catholique reçue des Apôtres.

Souviens-toi, Seigneur, de (N. et N.), tes serviteurs,
et de tous ceux qui sont ici réunis,
dont tu connais la foi et l'attachement...
Nous t'offrons pour eux,
ou ils t'offrent pour eux-mêmes et tous les leurs
ce sacrifice de louange,
pour leur propre rédemption,
pour le salut qu'ils espèrent;
et ils te rendent cet hommage,
à toi, Dieu éternel, vivant et vrai.

Dans la communion de toute l'Église,
nous voulons nommer en premier lieu
la bienheureuse Marie toujours Vierge,
Mère de notre Dieu et Seigneur, Jésus Christ;
saint Joseph, son époux,
les saints Apôtres et Martyrs
Pierre et Paul, André,
(Jacques et Jean,
Thomas, Jacques et Philippe,
Barthélemy et Matthieu, Simon et Jude,
Lin, Clet, Clément,
Sixte, Corneille et Cyprien,
Laurent, Chrysogone, Jean et Paul,

Côme et Damien)
et tous les saints.
Accorde-nous, par leur prière et leurs mérites,
d'être, toujours et partout,
forts de ton secours et de ta protection.

159

offrande et prière

Voici l'offrande que nous présentons devant toi,
nous, tes serviteurs, et ta famille entière :
dans ta bienveillance, accepte-la.
Assure toi-même la paix de notre vie,
arrache-nous à la damnation
et reçois-nous parmi tes élus.

invocation pour la consécration

Sanctifie pleinement cette offrande
par la puissance de ta bénédiction,
rends-la parfaite et digne de toi :
qu'elle devienne pour nous
le corps et le sang de ton Fils bien-aimé,
Jésus Christ, notre Seigneur.

récit de l'institution et Consécration

La veille de sa passion,
il prit le pain dans ses mains très saintes
et, les yeux levés au ciel,
vers toi, Dieu, son Père tout-puissant,
en te rendant grâce il le bénit, le rompit,
et le donna à ses disciples, en disant :

« Prenez, et mangez-en tous :
ceci est mon corps
livré pour vous. »

De même, à la fin du repas,
il prit dans ses mains cette coupe incomparable ;
et te rendant grâce à nouveau il la bénit,
et la donna à ses disciples, en disant :
« Prenez, et buvez-en tous,
car ceci est la coupe de mon sang,
le sang de l'Alliance nouvelle et éternelle,
qui sera versé
pour vous et pour la multitude
en rémission des péchés.
Vous ferez cela,
en mémoire de moi. »

160

1 Il est grand, le mystère de la foi :
**Nous proclamons ta mort, Seigneur Jésus,
nous célébrons ta résurrection,
nous attendons ta venue dans la gloire.**

2 Quand nous mangeons ce pain
et buvons à cette coupe,
nous célébrons le mystère de la foi :
**Nous rappelons ta mort,
Seigneur ressuscité,
et nous attendons que tu viennes.**

3 Proclamons le mystère de la foi :
**Gloire à toi qui étais mort,
gloire à toi qui es vivant,
notre Sauveur et notre Dieu :
Viens, Seigneur Jésus!**

mémorial du mystère pascal

C'est pourquoi nous aussi, tes serviteurs,
et ton peuple saint avec nous,
faisant mémoire
de la passion bienheureuse de ton Fils,
Jésus Christ, notre Seigneur,
de sa résurrection du séjour des morts
et de sa glorieuse ascension dans le ciel,
nous te présentons, Dieu de gloire et de majesté,
cette offrande prélevée sur les biens que tu nous donnes,
le sacrifice pur et saint, le sacrifice parfait,
pain de la vie éternelle et coupe du salut.

invocation pour notre unité

Et comme il t'a plu d'accueillir
les présents d'Abel le Juste,
le sacrifice de notre Père Abraham,
et celui que t'offrit Melchisédech, ton grand prêtre,
en signe du sacrifice parfait,
regarde cette offrande avec amour
et, dans ta bienveillance, accepte-la.

Nous t'en supplions, Dieu tout-puissant :
qu'elle soit portée par ton ange en présence de ta gloire,
sur ton autel céleste,
afin qu'en recevant ici,

par notre communion à l'autel,
le corps et le sang de ton Fils,
nous soyons comblés de ta grâce et de tes bénédictions.

S ouviens-toi de (N. et N.), tes serviteurs

intercession pour les défunts

qui nous ont précédés,
marqués du signe de la foi,
et qui dorment dans la paix...
Pour eux et pour tous ceux qui reposent dans le Christ,
nous implorons ta bonté :
qu'ils entrent dans la joie, la paix et la lumière.

intercession pour nous-mêmes

Et nous, pécheurs,
qui mettons notre espérance
en ta miséricorde inépuisable,
admets-nous dans la communauté
des bienheureux Apôtres et Martyrs,
de Jean Baptiste, Étienne, Matthias et Barnabé,
(Ignace, Alexandre, Marcellin et Pierre,
Félicité et Perpétue,
Agathe, Lucie, Agnès, Cécile, Anastasie)
et de tous les saints.
Accueille-nous dans leur compagnie,
sans nous juger sur le mérite
mais en accordant ton pardon,
par Jésus Christ, notre Seigneur.

C'est par lui que tu ne cesses de créer tous ces biens,
que tu les bénis,
leur donnes la vie,
les sanctifies
et nous en fais le don.

offrande à la gloire de la sainte Trinité

P ar lui, avec lui et en lui,
à toi, Dieu le Père tout-puissant,
dans l'unité du Saint-Esprit,
tout honneur et toute gloire,
pour les siècles des siècles.
■ **Amen.**

(suite *Notre Père,* page 176)

invitation à l'action de grâce

Le Seigneur soit avec vous.
- **Et avec votre esprit.**

Élevons notre cœur.
- **Nous le tournons vers le Seigneur.**

Rendons grâce au Seigneur notre Dieu.
- **Cela est juste et bon.**

préface (on peut aussi employer la préface de la Vierge)

V raiment, Père très saint,
   il est juste et bon de te rendre grâce,
toujours et en tout lieu,
   par ton Fils bien-aimé, Jésus Christ :
Car il est ta Parole vivante,
   par qui tu as créé toutes choses;
C'est lui que tu nous as envoyé
   comme Rédempteur et Sauveur,
   Dieu fait homme, conçu de l'Esprit Saint,
   né de la Vierge Marie;
Pour accomplir jusqu'au bout ta volonté
   et rassembler du milieu des hommes
   un peuple saint qui t'appartienne,
il étendit les mains à l'heure de sa passion,
   afin que soit brisée la mort,
   et que la résurrection soit manifestée.
C'est pourquoi,
   avec les anges et tous les saints,
nous proclamons ta gloire,
   en chantant (disant) d'une seule voix :

première acclamation de l'assemblée

Saint! Saint! Saint, le Seigneur, Dieu de l'univers!
Le ciel et la terre sont remplis de ta gloire.
Hosanna au plus haut des cieux.
Béni soit celui qui vient au nom du Seigneur.
Hosanna au plus haut des cieux.

T oi qui es vraiment saint, invocation au Père
   toi qui es la source de toute sainteté,
   Seigneur, nous te prions :

163

invocation pour la consécration par l'Esprit Saint

Sanctifie ces offrandes
   en répandant sur elles ton Esprit;
qu'elles deviennent pour nous
   le corps et le sang
   de Jésus, le Christ, notre Seigneur.

récit de l'institution et Consécration

Au moment d'être livré
   et d'entrer librement dans sa passion,
il prit le pain,
   il rendit grâce,
   il le rompit
et le donna à ses disciples, en disant :
   « Prenez, et mangez-en tous :
   ceci est mon corps
   livré pour vous. »

De même, à la fin du repas,
   il prit la coupe;
de nouveau il rendit grâce
   et la donna à ses disciples, en disant :
   « Prenez, et buvez-en tous,
   car ceci est la coupe de mon sang,
   le sang de l'Alliance nouvelle et éternelle,
   qui sera versé
   pour vous et pour la multitude
   en rémission des péchés.
Vous ferez cela,
   en mémoire de moi ».

deuxième acclamation de l'assemblée

1 Il est grand, le mystère de la foi :
   Nous proclamons ta mort, Seigneur Jésus,
   nous célébrons ta résurrection,
   nous attendons ta venue dans la gloire.

2 Quand nous mangeons ce pain
   et buvons à cette coupe,
   nous célébrons le mystère de la foi :
   Nous rappelons ta mort,
   Seigneur ressuscité,
   et nous attendons que tu viennes.

3 Proclamons le mystère de la foi :
   Gloire à toi qui étais mort,
   gloire à toi qui es vivant,
   notre Sauveur et notre Dieu :
   Viens, Seigneur Jésus!

mémorial du mystère pascal

Faisant ici mémoire
   de la mort et de la résurrection de ton Fils,
nous t'offrons, Seigneur,
   le pain de la vie et la coupe du salut,
et nous te rendons grâce,
   car tu nous as choisis pour servir en ta présence.

invocation pour notre unité par l'Esprit Saint

Humblement, nous te demandons
   qu'en ayant part au corps et au sang du Christ,
   nous soyons rassemblés
   par l'Esprit Saint
   en un seul corps.

prière pour l'Église

S ouviens-toi, Seigneur,
   de ton Église répandue à travers le monde :
Fais-la grandir dans ta charité
   avec le Pape N.,
   notre évêque N.,
   et tous ceux qui ont la charge de ton peuple.

prière pour les défunts

Souviens-toi aussi de nos frères
   qui se sont endormis dans l'espérance de la résurrection,
   et de tous les hommes qui ont quitté cette vie :
   reçois-les dans ta lumière, auprès de toi.

Sur nous tous enfin,
    nous implorons ta bonté :
Permets qu'avec la Vierge Marie,
    la bienheureuse Mère de Dieu,
avec les Apôtres et les saints de tous les temps
    qui ont vécu dans ton amitié,
nous ayons part à la vie éternelle,
et que nous chantions ta louange,
    par Jésus Christ, ton Fils bien-aimé.

offrande à la gloire de la sainte Trinité

Par lui, avec lui et en lui,
    à toi, Dieu le Père tout-puissant,
    dans l'unité du Saint-Esprit,
tout honneur et toute gloire,
    pour les siècles des siècles.
■ **Amen.**

(suite *Notre Père,* page 176)

invitation à l'action de grâce

Le Seigneur soit avec vous.
■ **Et avec votre esprit.**

Élevons notre cœur.
■ **Nous le tournons vers le Seigneur.**

Rendons grâce au Seigneur notre Dieu.
■ **Cela est juste et bon.**

préface de la Vierge Marie II

Vraiment, Père très saint,
il est bon de reconnaître ta gloire
dans le triomphe de tes élus,
et, pour fêter la Vierge Marie,
de reprendre son cantique d'action de grâce :
Oui, tu as étendu ta miséricorde à tous les âges
   et révélé tes merveilles à la terre entière,
en choisissant ton humble servante
pour donner au monde un Sauveur,
ton Fils, le Seigneur Jésus Christ.
   C'est par lui que les anges assemblés devant toi
adorent ta gloire :
A leur hymne de louange
laisse-nous joindre nos voix
   pour chanter et proclamer :

première acclamation de l'assemblée

Saint! Saint! Saint, le Seigneur, Dieu de l'univers!
Le ciel et la terre sont remplis de ta gloire.
Hosanna au plus haut des cieux.
Béni soit celui qui vient au nom du Seigneur.
Hosanna au plus haut des cieux.

T u es vraiment saint, Dieu de l'univers,
  et toute la création proclame ta louange,
car c'est toi qui donnes la vie,
  c'est toi qui sanctifies toutes choses,
  par ton Fils, Jésus Christ, notre Seigneur,
  avec la puissance de l'Esprit Saint;
et tu ne cesses de rassembler ton peuple,
  afin qu'il te présente
  partout dans le monde
  une offrande pure.

C 'est pourquoi nous te supplions
  de consacrer toi-même
  les offrandes que nous apportons :
Sanctifie-les par ton Esprit
  pour qu'elles deviennent
  le corps et le sang de ton Fils,
  Jésus Christ, notre Seigneur,
qui nous a dit
  de célébrer ce mystère.

La nuit même où il fut livré,
  il prit le pain,
en te rendant grâce il le bénit,
  il le rompit
et le donna à ses disciples, en disant :
  « Prenez, et mangez-en tous :
  ceci est mon corps
  livré pour vous. »

De même, à la fin du repas,
  il prit la coupe,
en te rendant grâce il la bénit
  et la donna à ses disciples, en disant :
  « Prenez, et buvez-en tous,
  car ceci est la coupe de mon sang,
  le sang de l'Alliance nouvelle et éternelle,
  qui sera versé
  pour vous et pour la multitude
  en rémission des péchés.
Vous ferez cela,
  en mémoire de moi. »

168

1 Il est grand, le mystère de la foi :
Nous proclamons ta mort, Seigneur Jésus,
nous célébrons ta résurrection,
nous attendons ta venue dans la gloire.

2 Quand nous mangeons ce pain
et buvons à cette coupe,
nous célébrons le mystère de la foi :
Nous rappelons ta mort,
Seigneur ressuscité,
et nous attendons que tu viennes.

3 Proclamons le mystère de la foi :
Gloire à toi qui étais mort,
gloire à toi qui es vivant,
notre Sauveur et notre Dieu :
Viens, Seigneur Jésus!

mémorial du mystère pascal

En faisant mémoire de ton Fils,
de sa passion qui nous sauve,
de sa glorieuse résurrection
et de son ascension dans le ciel,
alors que nous attendons son dernier avènement,
nous présentons cette offrande vivante et sainte
pour te rendre grâce.

invocation pour notre unité par l'Esprit Saint

Regarde, Seigneur, le sacrifice de ton Église,
et daigne y reconnaître celui de ton Fils
qui nous a rétablis dans ton Alliance;
quand nous serons nourris de son corps et de son sang
et remplis de l'Esprit Saint,
accorde-nous d'être un seul corps et un seul esprit
dans le Christ.

appel à l'intercession des saints

Que l'Esprit Saint fasse de nous
une éternelle offrande à ta gloire,
pour que nous obtenions un jour
les biens du monde à venir,
auprès de la Vierge Marie,
la bienheureuse Mère de Dieu,
avec les Apôtres, les martyrs,

(saint N.) et tous les saints,
qui ne cessent d'intercéder pour nous.

Et maintenant, nous te supplions, Seigneur :
Par le sacrifice qui nous réconcilie avec toi,
     étends au monde entier le salut et la paix.
Affermis la foi et la charité de ton Église
     au long de son chemin sur la terre :
veille sur ton serviteur le Pape N.
     et notre évêque N.,
     l'ensemble des évêques, les prêtres, les diacres,
     et tout le peuple des rachetés.
Écoute les prières de ta famille
     assemblée devant toi,
et ramène à toi, Père très aimant,
     tous tes enfants dispersés.

prière pour les défunts

Pour nos frères défunts,
     pour les hommes qui ont quitté ce monde
     et dont tu connais la droiture,
     nous te prions :
Reçois-les dans ton Royaume,
     où nous espérons être comblés de ta gloire,
     tous ensemble et pour l'éternité,
     par le Christ, notre Seigneur,
par qui tu donnes au monde
     toute grâce et tout bien.

offrande à la gloire de la Trinité

Par lui, avec lui et en lui,
     à toi, Dieu le Père tout-puissant,
     dans l'unité du Saint-Esprit,
tout honneur et toute gloire,
     pour les siècles des siècles.
■ **Amen.**

(suite *Notre Père,* page 176)

PRIÈRE EUCHARISTIQUE
pour la Réconciliation (I)

Vraiment il est juste et bon de te rendre grâce, Dieu très saint, car tu ne cesses de nous appeler à une vie plus belle : Toi, Dieu de tendresse et de pitié, sans te lasser tu offres ton pardon, et tu invites l'homme pécheur à s'en remettre à ta seule bonté.

Bien loin de te résigner à nos ruptures d'Alliance, tu as noué entre l'humanité et toi, par ton Fils Jésus, notre Seigneur, un lien nouveau, si fort que rien ne pourra le défaire.

Et maintenant que ton peuple connaît un temps de grâce et de réconciliation, tu lui donnes dans le Christ de reprendre souffle en se tournant vers toi, et d'être au service de tout homme en se livrant davantage à l'Esprit Saint.

Pleins d'admiration et de reconnaissance, nous voulons joindre nos voix aux voix innombrables du ciel, pour clamer la puissance de ton amour et la joie de ton salut dans le Christ :

Saint !...

appel à l'Esprit Saint

Toi qui fais depuis les origines ce qui est bon pour l'homme afin de le rendre saint, comme toi-même es saint, regarde ton peuple ici rassemblé, et mets à l'œuvre la puissance de ton Esprit : que ces offrandes deviennent pour nous le corps et le sang de ton Fils bien-aimé, Jésus, le Christ, en qui nous sommes tes fils.

Nous qui étions perdus, incapables de nous rapprocher de toi, tu nous as aimés du plus grand amour : ton Fils, le seul Juste, s'est livré entre nos mains, et fut cloué sur une croix. Mais avant que ses bras étendus dessinent entre ciel et terre le signe indélébile de ton Alliance, il voulut célébrer la Pâque au milieu de ses disciples.

récit de l'Institution

Comme il était à table, il prit le pain, il prononça la bénédiction pour te rendre grâce, puis il le rompit et le donna aux siens en leur disant :

« Prenez, et mangez-en tous :
ceci est mon corps livré pour vous. »

A la fin de ce dernier repas, sachant qu'il allait tout réconcilier en lui par le sang de sa croix, il prit la coupe remplie de vin, il te rendit grâce encore, et la fit passer à ses amis, en leur disant :

« Prenez, et buvez-en tous,
car ceci est la coupe de mon sang,
le sang de l'Alliance nouvelle et éternelle,
qui sera versé pour vous et pour la multitude
en rémission des péchés.
Vous ferez cela, en mémoire de moi. »

mémorial du mystère pascal

En faisant mémoire du Christ, notre Pâque et notre paix définitive, en célébrant sa mort et sa résurrection, en appelant le jour béni de sa venue et de notre joie, nous te présentons, Dieu fidèle et sûr, l'offrande qui remet l'humanité dans ta grâce.

appel à l'Esprit Saint

Regarde avec amour, Père très bon, ceux que tu attires vers toi, leur donnant de communier à l'unique sacrifice du Christ : qu'ils deviennent ensemble, par la force de l'Esprit, le corps de ton Fils ressuscité en qui sont abolies toutes les divisions.

prière pour l'Église

Tiens-nous les uns et les autres en communion d'esprit et de cœur avec le Pape N. et notre évêque N. Aide-nous à préparer la venue de ton règne jusqu'à l'heure où nous serons devant toi, saints parmi les saints du ciel, aux côtés de la Vierge Marie et des Apôtres, avec nos frères qui sont morts, et que nous confions à ta miséricorde.

Alors, au cœur de la création nouvelle, enfin libérée de la corruption, nous pourrons chanter vraiment l'action de grâce du Christ à jamais vivant.

offrande à la gloire de la Sainte Trinité

Par lui, avec lui et en lui,
à toi, Dieu le Père tout-puissant,
dans l'unité du Saint-Esprit,
tout honneur et toute gloire,
pour les siècles des siècles.

■ **Amen.**

(suite *Notre Père*, page 176)

PRIÈRE EUCHARISTIQUE
pour de grandes assemblées d'Église

approuvée pour la France le 2 février 1978.

Pour la préface et la prière d'intercession, quatre thèmes au choix :

(Dieu conduit l'Église)

Préface **1**

Nous te rendons grâce, Dieu notre Père, de nous avoir appelés à la vie. Tu ne nous laisses jamais seuls, tu nous manifestes sans cesse ta présence. Dans les temps anciens, tu as guidé Israël, ton peuple, à travers l'immense désert. Aujourd'hui, tu accompagnes l'Église, en lui donnant la force de ton Esprit. Ton Fils nous ouvre le chemin, qui nous conduira de cette vie à la joie de la vie éternelle. C'est pourquoi, avec les anges et tous les saints, nous chantons l'hymne de ta gloire : **Saint!...**

(Jésus est notre chemin)

Préface **2**

Nous te rendons grâce, Dieu saint et fort, car tu diriges le destin du monde, et tu prends soin de tout homme. Tu nous invites à écouter ta Parole, qui nous rassemble en un seul corps, et à nous attacher dans la foi à suivre ton Fils. Il est, lui, le chemin qui nous conduit vers toi; il est la vérité qui nous rend libres; il est la vie qui nous remplit de joie. C'est pourquoi, nous te rendons grâce, Père, pour ton amour, par Jésus ton Fils bien-aimé. Nous unissons nos voix à celles des anges pour chanter et proclamer ta gloire : **Saint!...**

(Jésus vient pour toutes les détresses)

Préface **3**

Nous te rendons grâce, Père fidèle et plein de tendresse, de nous avoir donné Jésus, ton Fils, notre Seigneur et notre frère. Son amour s'est manifesté aux pauvres et aux malades, aux petits et aux pécheurs. Il n'est resté indifférent à aucune détresse. Sa vie et son message sont pour nous la preuve que tu es un Dieu qui prends soin des hommes, comme un Père porte le souci de ses enfants. C'est pourquoi nous te louons et te glorifions, nous célébrons ta bonté et ta fidélité, et avec les anges et tous les saints, nous proclamons l'hymne de ta gloire : **Saint!...**

Nous te rendons gloire, Père très bon, car, grâce à la Bonne Nouvelle, proclamée par ton Fils, tu as réuni des hommes de toutes races, de toutes cultures, en un seul corps, l'Église. Cette Église vit de la force de ton Esprit et rassemble les hommes dans l'unité. Elle rend témoignage de ton amour et ouvre à chacun les portes de l'espérance. C'est ainsi qu'elle devient un signe de la fidélité que tu nous as promise pour toujours. C'est pourquoi le ciel et la terre te célèbrent, et avec l'Église tout entière, nous proclamons l'hymne de ta gloire : **Saint !...**

Nous te glorifions, Père très saint : tu es toujours avec nous sur la route, et plus spécialement encore, lorsque ton Fils, Jésus, nous rassemble pour le repas de l'Amour. Comme jadis pour les disciples d'Emmaüs, il explique pour nous l'Écriture, et nous partage le pain.

C'est pourquoi nous te prions, Père tout-puissant :
Envoie ton Esprit sur ce pain et ce vin, afin que le Christ Jésus réalise au milieu de nous la présence de son corps et de son sang.

La veille de sa passion, pendant le repas, il prit le pain, il rendit grâce, il le rompit et le donna à ses disciples en disant :

« Prenez, et mangez-en tous :
ceci est mon corps, livré pour vous. »

De même, il prit la coupe remplie de vin, il rendit grâce, et la donna à ses disciples en disant :

« Prenez, et buvez-en tous,
car ceci est la coupe de mon sang,
le sang de l'Alliance nouvelle et éternelle,
qui sera versé pour vous et pour la multitude
en rémission des péchés.
Vous ferez cela, en mémoire de moi. »

deuxième acclamation de l'assemblée

Il est grand, le mystère de la foi

**Nous proclamons ta mort, Seigneur Jésus,
nous célébrons ta résurrection,
nous attendons ta venue dans la gloire.**

174 **P**ère très bon, nous célébrons le mémorial de notre réconciliation et nous annonçons l'œuvre de ton amour : en passant par la souffrance et la mort, ton Fils est ressuscité à la vie nouvelle et a été glorifié.

Regarde cette offrande : c'est Jésus qui se donne avec son corps et son sang, et qui, par ce sacrifice, nous ouvre le chemin vers toi, notre Père.

Dieu, Père plein de tendresse, donne-nous l'Esprit d'amour, l'Esprit de ton Fils.

Selon la préface choisie, on prend l'une des quatre prières suivantes :

(Dieu conduit l'Église) intercession **1**

Nous qui participons à ce repas, fortifie-nous, afin que nous tous, peuple de Dieu, avec nos prêtres, notre Pape N. et notre évêque N., nous puissions garder joie et confiance et cheminer dans la foi et l'espérance.

(Jésus est notre chemin) intercession **2**

Nous qui allons recevoir son corps et son sang, fortifie-nous et fais que nous soyons un dans la foi et l'amour, unis à notre Pape N., et à notre évêque N. Ouvre nos yeux à toute détresse, inspire-nous à tout moment la parole qui convient, quand nous nous trouvons en face de frères seuls et désemparés. Donne-nous le courage du geste fraternel, quand nos frères sont démunis ou opprimés. Fais de ton Église un lieu de vérité et de liberté, de justice et de paix, afin que tout homme puisse y trouver une raison d'espérer encore.

(Jésus vient pour toutes les détresses) intercession **3**

Nous qui allons recevoir son corps et son sang, fortifie-nous et renouvelle-nous à son image. Fais descendre ta bénédiction sur notre Pape N. et notre évêque N. Donne à tous les membres de l'Église (et à tous ceux qui travaillent au synode) de savoir lire les signes des temps et de grandir dans la fidélité à l'Évangile. Rends-nous attentifs à tous les hommes, afin que nous partagions dans la charité leurs tristesses et leurs angoisses, leurs espérances et leurs joies, et que nous leur montrions le chemin du salut.

Afin qu'en notre pays, l'Église trouve (par le Synode) un élan nouveau pour sa vie, renforce les liens d'unité entre laïcs et prêtres, entre les prêtres et notre évêque N., entre tous les évêques et notre Pape N. Donne à ton Église de devenir, au milieu d'un monde divisé, un instrument au service de l'unité.

prière pour les défunts

Père, prends pitié de nos frères, qui sont morts dans la paix du Christ, et de tous les morts, dont toi seul connais la foi, et conduis-les à la résurrection. Et lorsque prendra fin notre pèlerinage sur la terre, accueille-nous dans ton Royaume, où nous espérons être comblés de ta gloire tous ensemble et pour l'éternité.

dans la communion des saints

En union avec la Vierge Marie, la bienheureuse Mère de Dieu, avec les Apôtres, les martyrs, (saint N.) et tous les saints, nous te prions et nous te glorifions, par Jésus, le Christ, notre Seigneur.

offrande à la gloire de la Sainte Trinité

Par lui, avec lui et en lui,
à toi, Dieu le Père tout-puissant,
dans l'unité du Saint-Esprit,
tout honneur et toute gloire,
pour les siècles des siècles.

■ **Amen.**

La communion

Vivre en plénitude!
Goûter la joie de vivre!
Retrouver la force de vivre!

C'est ce que réserve le Seigneur Jésus
à ceux qui se nourrissent
de son Corps et de son Sang.

Celui qui me mangera vivra par moi.

prière du Seigneur Jésus

1 Comme nous l'avons appris du Sauveur
   et selon son commandement, nous osons dire :

2 Unis dans le même Esprit, nous pouvons dire avec confiance
   la prière que nous avons reçue du Sauveur :

Notre Père qui es aux cieux,
que ton nom soit sanctifié,
que ton règne vienne,
que ta volonté soit faite
sur la terre comme au ciel.
Donne-nous aujourd'hui
notre pain de ce jour.
Pardonne-nous nos offenses,
comme nous pardonnons aussi
à ceux qui nous ont offensés.
Et ne nous soumets pas à la tentation,
mais délivre-nous du Mal.

Pater noster, qui es in caelis :
sanctificetur nomen tuum;
adveniat regnum tuum;
fiat voluntas tua,
sicut in caelo, et in terra.
Panem nostrum quotidianum da nobis hodie;
et dimitte nobis debita nostra,
sicut et nos dimittimus debitoribus nostris;
et ne nos inducas in tentationem.
sed libera nos a malo.

Délivre-nous de tout mal, Seigneur,
et donne la paix à notre temps;
par ta miséricorde, libère-nous du péché,
rassure-nous devant les épreuves
en cette vie où nous espérons
le bonheur que tu promets
et l'avènement de Jésus Christ, notre Sauveur.

acclamation proclamée

**Car c'est à toi qu'appartiennent
le règne, la puissance et la gloire
pour les siècles des siècles!**

acclamation chantée

**A toi le règne, à toi la puissance et la gloire,
pour les siècles des siècles!**

demande de la paix

Prière

Seigneur Jésus Christ, tu as dit à tes Apôtres :
« Je vous laisse la paix, je vous donne ma paix » :
ne regarde pas nos péchés, mais la foi de ton Église;
pour que ta volonté s'accomplisse,
donne-lui toujours cette paix,
et conduis-la vers l'unité parfaite,
toi qui règnes pour les siècles des siècles.
■ **Amen.**

Que la paix du Seigneur soit toujours avec vous.
■ **Et avec votre esprit.**

geste fraternel

(Frères), dans la charité du Christ, donnez-vous la paix.

Partage du pain

Agneau de Dieu, qui enlèves le péché du monde,
■ **Prends pitié de nous.**

Agneau de Dieu, qui enlèves le péché du monde,
■ **Prends pitié de nous.**

Agneau de Dieu, qui enlèves le péché du monde,
■ **Donne-nous la paix.**

Agnus Dei, qui tollis peccata mundi,
■ **miserere nobis.**
Agnus Dei, qui tollis peccata mundi,
■ **miserere nobis.**
Agnus Dei, qui tollis peccata mundi,
■ **dona nobis pacem.**

Communion

Heureux les invités au repas du Seigneur!
Voici l'Agneau de Dieu qui enlève le péché du monde.
Seigneur, je ne suis pas digne de te recevoir:
mais dis seulement une parole et je serai guéri.

Le corps du Christ.
■ **Amen.**
Le sang du Christ.
■ **Amen.**

Prière d'action de grâce

■ **Amen.**

liturgie du renvoi

Nous sommes envoyés vers nos frères

Vers ceux qui ont besoin de notre aide : les malades.
Vers ceux qui attendent notre compréhension : nos frères qui nous accueillent.
Vers ceux qui espèrent un vrai dialogue : nos compagnons de route.

Le Seigneur soit avec vous.
■ **Et avec votre esprit.**

Que le nom du Seigneur soit béni
■ **maintenant et toujours.**

Notre secours est dans le nom du Seigneur
■ **qui a fait le ciel et la terre.**

Que Dieu tout-puissant vous bénisse,
le Père, le Fils + et le Saint-Esprit.
■ **Amen.**

Allez, dans la paix du Christ.
■ **Nous rendons grâce à Dieu.**

messes

messe de Notre-Dame de Lourdes

« Marie, la Mère de Jésus, brille devant le Peuple de Dieu en marche, comme un signe d'espérance certaine et de consolation. »
(Vatican II : l'Église N° 68)

Antienne d'ouverture

« Je vis la Cité sainte, la Jérusalem nouvelle, qui descendait du ciel d'auprès de Dieu, toute prête comme une fiancée parée pour son époux ».
(Apoc. 21)

Prière d'ouverture

Père très saint, qui veilles avec bonté sur ton peuple,
tu as voulu que la Vierge Marie rappelle (ici)
à Bernadette (au monde entier)
les enseignements de son Fils.
Ouvre nos cœurs à son message de prière et de pénitence,
pour que la lumière de l'Évangile éclaire toute notre vie.
Par Jésus Christ.

(ou bien, aux messes votives)

Dieu notre Père,
nous voici rassemblés devant toi
avec nos peines, nos joies et nos espoirs,
pour célébrer Notre-Dame de Lourdes.
Conduis-nous par la conversion de toute notre vie,
sur la route qui mène jusqu'à toi.
Par Jésus Christ.

Première lecture

Lecture du livre d'Isaïe (60, 1-5).

Debout, Jérusalem!
Resplendis :
elle est venue, ta lumière,
et la gloire du Seigneur s'est levée sur toi.

Regarde : l'obscurité recouvre la terre,
les ténèbres couvrent les peuples;
mais sur toi se lève le Seigneur,
et sa gloire brille sur toi.

Les nations marcheront vers ta lumière,
et les rois, vers la clarté de ton aurore.

Lève les yeux, regarde autour de toi :
tous, ils se rassemblent, ils arrivent;
tes fils reviennent de loin,
et tes filles sont portées sur les bras.

Alors, tu verras, tu seras radieuse;
ton cœur frémira et se dilatera.

Psaume (Judith 13, 18-20)

Sur notre route, Marie est témoin de foi et d'espérance.

R **Tu es bénie entre toutes les femmes.**

Sois bénie par le Dieu Très Haut
entre toutes les femmes de la terre :
et béni soit le Seigneur Dieu,
Créateur du ciel et de la terre.

Jamais l'espérance dont tu nous fais preuve,
ne s'effacera du souvenir des hommes;
ils se rappelleront éternellement
la présence de Dieu.

Que Dieu t'exalte pour toujours
et qu'il te récompense;
tu es intervenue pour empêcher notre ruine
en agissant résolument sous le regard de notre Dieu.

Deuxième lecture « *La Jérusalem nouvelle* »

Lourdes : où nous rencontrons le Christ qui comblera un jour tous nos désirs.

Lecture de l'Apocalypse de saint Jean (21, 1-7).

« Moi, Jean,
j'ai vu un ciel nouveau et une terre nouvelle,
car le premier ciel et la première terre avaient disparu,
et il n'y avait plus de mer.

Et j'ai vu descendre du ciel, d'auprès de Dieu,
la cité sainte, la Jérusalem nouvelle;
toute prête, comme une fiancée parée pour son époux.

Et j'ai entendu la voix puissante
qui venait du trône divin;
    elle disait :
« Voici la demeure de Dieu avec les hommes;
Il demeurera avec eux,
et ils seront son Peuple,
Dieu lui-même sera avec eux.
Il essuiera toute larme de leurs yeux,
et il n'y aura plus de mort;
et il n'y aura plus de pleurs, de cris, ni de tristesse;
car la première création aura disparu ».
Alors celui qui siégeait sur le Trône déclara :
« Voici que je fais toutes choses nouvelles »
Je suis l'Alpha et l'Oméga,
le commencement et la fin.
Moi, je donnerai gratuitement à celui qui a soif
l'eau de la source de vie,
tel sera l'héritage réservé au vainqueur.
    Je serai son Dieu
    et il sera mon fils. »

Acclamation évangélique *Alléluia !*

« Heureuse es-tu Vierge Marie,
tu as cru que s'accomplirait pour toi
la parole reçue du Seigneur ».

Évangile « *Bienheureuse toi qui as cru* »

Évangile de Jésus Christ selon saint Luc (I, 26-38).
Au sixième mois, l'ange Gabriel fut envoyé... (page 105)
ou bien : la visitation (page 106) *ou* Cana (page 107)

Prière sur les offrandes

Donne-nous, Seigneur, ton Esprit Saint.
Il couvrit de son ombre la Vierge Marie
pour qu'elle devienne la Mère du Sauveur;
qu'Il consacre aujourd'hui ces offrandes
et nous rende plus fidèles à ta Parole,
Jésus Christ, Notre Seigneur.

(ou bien, aux messes votives)
Que ces dons, Seigneur, procurent ta gloire,
et que, fidèles comme la Vierge Marie
à l'Esprit d'amour qui nous rassemble,
nous fassions de notre vie une offrande digne de toi.
Par Jésus, le Christ, notre Seigneur.

Antienne de communion

Lourdes : Le Seigneur par l'intercession de la Vierge Marie répand ses grâces de salut.

« Tu as visité la terre
et tu l'as abreuvée.
Tu l'as comblée de richesses. »

Prière après la communion

Après avoir refait nos forces, Seigneur,
au repas de cette Eucharistie,
fais-nous reprendre la route,
en compagnie de Marie, notre Mère,
Afin que nous puissions marcher sans défaillance
jusqu'à ta demeure du ciel.
Par Jésus Christ.

(ou bien, aux messes votives)
Seigneur, notre Dieu,
nous avons répondu à l'appel de notre mère,
la Vierge Marie, pour célébrer cette Eucharistie
dans la joie.
Fortifiés par le Corps et le Sang de ton Fils,
donne-nous d'être, au cœur du monde,
les témoins de ton amour.
Par Jésus, le Christ, notre Seigneur.

messe de Sainte Marie
Mère de l'Église

D'un seul cœur, les Apôtres participaient fidèlement à la prière
avec Marie, la mère de Jésus.

Prière
Dieu de miséricorde, notre Père,
ton Fils unique, en mourant sur la croix,
a voulu que la Vierge Marie, sa mère,
soit aussi notre mère.
Accorde à ton Église, soutenue par son amour,
la joie de donner naissance à des enfants
toujours plus nombreux,
de les voir grandir en sainteté
et d'attirer à elle toutes les familles des peuples.
Par Jésus Christ.

LITURGIE DE LA PAROLE

Première lecture
Les disciples en prière avec Marie.
Lecture du livre des Actes des Apôtres (**1**, 12-14)
Les Apôtres, après avoir vu Jésus s'en aller vers le ciel, retournè-
rent du mont des Oliviers à Jérusalem qui n'est pas loin. (La
distance ne dépasse pas ce qui est permis le jour du sabbat.)
Arrivés dans la ville, ils montèrent à l'étage de la maison ; c'est là
qu'ils se tenaient tous : Pierre, Jean, Jacques et André, Philippe
et Thomas, Barthélémy et Matthieu, Jacques fils d'Alphée,
Simon le Zélote, et Jude fils de Jacques. D'un seul cœur, ils
participaient fidèlement à la prière, avec quelques femmes dont
Marie, mère de Jésus, et avec ses frères.

ou bien

Le dessein de Dieu sur nous.

Lecture de la lettre
de saint Paul Apôtre aux Ephésiens (**1**, 3-6, 11-12)
Béni soit Dieu, le Père de notre Seigneur Jésus Christ. Dans les
cieux, il nous a comblés de sa bénédiction spirituelle en Jésus
Christ. En lui, il nous a choisis avant la création du monde, pour

que nous soyons, dans l'amour, saints et irréprochables sous son regard. Il nous a d'avance destinés à devenir pour lui des fils par Jésus Christ : voilà ce qu'il a voulu dans sa bienveillance pour que soit chantée la merveille du don gratuit qu'il nous a fait en son Fils bien-aimé. En lui, nous les fils d'Israël, Dieu nous a d'avance destinés à devenir son peuple ; car lui qui réalise tout ce qu'il a décidé, il a voulu que nous soyons ceux qui d'avance espéraient dans le Christ pour que soit chantée sa gloire.

Cantique de Luc 1

R Heureuse Vierge Marie
   qui portas en toi
   le Fils du Père éternel.

47 Mon âme exalte le Seigneur,
   exulte mon esprit en Dieu mon Sauveur !
48 Il s'est penché sur son humble servante,
   désormais tous les âges me diront bienheureuse.
49 Le Puissant fit pour moi des merveilles ;
   Saint est son nom !
50 Son amour s'étend d'âge en âge
   sur ceux qui le craignent
51 Déployant la force de son bras,
   il disperse les superbes.
52 Il renverse les puissants de leurs trônes,
   il élève les humbles.
53 Il comble de biens les affamés,
   renvoie les riches les mains vides.
54 Il relève Israël son serviteur
   il se souvient de son amour,
55 de la promesse faite à nos pères
   en faveur d'Abraham et de sa race, à jamais.

Évangile
Alléluia, Alléluia.
Béni sois-tu, Seigneur Jésus,
qui as manifesté ta gloire
à la prière de ta Mère.
Alléluia.
La présence de Marie au premier miracle de Jésus.
Évangile de Jésus Christ selon saint Jean   (*2*, 1-11)
Il y avait un mariage à Cana en Galilée. La mère de Jésus était là. Jésus aussi avait été invité au repas de noces avec ses disciples.

Or, on manqua de vin ; la mère de Jésus lui dit : « Ils n'ont pas de vin ». Jésus lui répond : « Femme, que me veux-tu ? Mon heure n'est pas encore venue ». Sa mère dit aux serviteurs : « Faites tout ce qu'il vous dira ». Or, il y avait là six cuves de pierre pour les ablutions rituelles des Juifs ; chacune contenait environ cent litres. Jésus dit aux serviteurs : « Remplissez d'eau les cuves ». Et ils les remplirent jusqu'au bord. Il leur dit : « Maintenant, puisez, et portez-en au maître du repas ». Ils lui en portèrent. Le maître du repas goûta l'eau changée en vin. Il ne savait pas d'où venait ce vin, mais les serviteurs le savaient, eux qui avaient puisé l'eau. Alors le maître du repas interpelle le marié et lui dit : « Tout le monde sert le bon vin en premier et, lorsque les gens ont bien bu, on apporte le moins bon. Mais toi, tu as gardé le bon vin jusqu'à maintenant ». Tel fut le commencement des signes que Jésus accomplit. C'était à Cana en Galilée. Il manifesta sa gloire, et ses disciples crurent en lui.

LITURGIE EUCHARISTIQUE

Prière sur les offrandes

Accueille, Seigneur, nos offrandes
   pour en faire le mystère de notre salut :
Que sa puissance brûle nos cœurs
   du même amour que la Vierge Marie, Mère de l'Église,
   afin que nous puissions plus intimement participer avec elle
   à l'œuvre de la rédemption.
Par Jésus, le Christ, notre Seigneur.

Préface
Marie, Mère et modèle de l'Église.

Vraiment, il est juste et bon de rendre gloire,
   de t'offrir notre action de grâce, toujours et en tout lieu,
   à toi, Père très saint, Dieu éternel et tout-puissant.
Pour célébrer la Vierge Marie,
   c'est à toi que s'adressent nos louanges.
En accueillant ta Parole dans un cœur immaculé,
   elle a mérité de la concevoir dans son sein virginal.
En donnant naissance à son Créateur,
   elle a préparé les commencements de l'Église.

En recevant au pied de la croix
le testament d'amour de son Fils,
elle a reçu pour fils tous les hommes
que la mort du Christ a fait naître à la vie divine.
Quand les Apôtres attendaient l'Esprit qui leur était promis,
elle a joint sa supplication à celle des disciples,
devenant ainsi le modèle de l'Église en prière.
Élevée dans la gloire du ciel,
elle accompagne et protège l'Église de son amour maternel
dans sa marche vers la patrie
jusqu'au jour de la venue glorieuse du Seigneur.
C'est pourquoi avec tous les anges et tous les saints,
nous chantons l'hymne de ta gloire
et sans fin nous proclamons : Saint !...

Antienne de la communion   (cf. **Jn 2**, 1-11)
Il y eut des noces à Cana en Galilée, et la mère de Jésus était là.
C'est alors que Jésus fit le premier de ses signes : il manifesta sa
gloire et ses disciples crurent en lui.

Prière après la communion
Nous avons reçu le gage de la rédemption et de la vie,
et nous te supplions encore, Seigneur :
Qu'avec l'aide maternelle de la Vierge Marie,
ton Église proclame à tous les peuples
le message de l'Évangile
et qu'elle remplisse le monde entier de l'effusion de ton Esprit.
Par Jésus, le Christ, notre Seigneur.

Messe de sainte Bernadette

Antienne d'ouverture

Heureux les cœurs purs,
car ils verront Dieu.

(Mt **5**, 8)

Prière d'ouverture

Parmi les humbles, Seigneur,
   que tu aimes et que tu glorifies,
   tu as choisi sainte Bernadette;
   tu lui as donné la joie de voir la Vierge Marie
   et de converser avec elle.
Permets qu'à sa prière et à son exemple,
   nous marchions, dans la foi,
   par les humbles sentiers que tu nous traces
   et qui mènent au bonheur du ciel.
Par Jésus Christ, ton Fils, notre Seigneur et notre Dieu,
qui règne avec toi et le Saint-Esprit,
   maintenant et pour les siècles des siècles.

Première lecture

« Ce qui n'est rien, voilà ce que Dieu a choisi. »

Lecture de la première lettre
de saint Paul Apôtre aux Corinthiens.

(**1**, 26-31)

Frères, vous qui avez été appelés par Dieu, regardez bien :
parmi vous,
   il n'y a pas beaucoup de sages aux yeux des hommes,
   ni de gens puissants ou de haute naissance.
Au contraire, ce qu'il y a de fou dans le monde,
   voilà ce que Dieu a choisi
pour couvrir de confusion ce qui est fort;
ce qui est d'origine modeste, méprisé dans le monde,
   ce qui n'est rien,
voilà ce que Dieu a choisi
   pour détruire ce qui est quelque chose,
afin que personne ne puisse s'enorgueillir devant Dieu.
C'est grâce à Dieu, en effet,
   que vous êtes dans le Christ Jésus,
qui a été envoyé par lui pour être notre sagesse,
   pour être notre justice,
   notre sanctification, notre rédemption.

Ainsi comme il est écrit :
   Celui qui veut s'enorgueillir,
   qu'il mette son orgueil dans le Seigneur.

Psaume

R **Garde mon âme dans la paix**
  près de toi, mon Dieu.

Seigneur, je n'ai pas le cœur fier
ni le regard ambitieux;
Je ne poursuis ni grands desseins
ni merveilles qui me dépassent.

Non, mais je tiens mon âme
égale et silencieuse;
mon âme est en moi comme un enfant,
comme un petit enfant contre sa mère.

Attends le Seigneur, Israël,
maintenant et à jamais!   (Ps 130)

Acclamation à l'évangile

Alléluia! Alléluia!

Lumière du monde, Jésus Christ,
celui qui marche à ta suite
aura la lumière de la vie.   (Jn **8**, 12)

Alléluia!

Évangile

« Si le grain de blé ne meurt pas... »

Évangile de Jésus Christ selon saint Jean   (**12**, 24-26)
Quelques jours avant la Pâque,
Jésus disait à ses disciples :
« Oui, vraiment je vous le dis :
si le grain de blé tombé en terre ne meurt pas,
   il reste seul;
mais s'il meurt, il donne beaucoup de fruit.
S'aimer soi-même, c'est se perdre;
Se haïr en ce monde,
   c'est se garder pour la vie éternelle.
Si quelqu'un veut me servir, qu'il me suive;

et là où je suis, là aussi sera mon serviteur.
Si quelqu'un me sert,
    mon Père le récompensera. »
(*ou bien :* les Béatitudes, page 77)

Prière sur les offrandes

Seigneur, reçois cette offrande,
    que nous te présentons avec humilité ;
Qu'elle nous obtienne d'imiter sainte Bernadette
    dans sa prière et dans son sacrifice.
Par Jésus, le Christ, notre Seigneur.

Préface

Vraiment, il est juste et bon de te rendre gloire,
    de t'offrir notre action de grâce, toujours et en tout lieu,
à toi, Père très saint, Dieu éternel et tout-puissant.
En fêtant (aujourd'hui) sainte Bernadette,
nous célébrons les prévenances de ton amour
    pour tant d'hommes et de femmes
    parvenus comme elle à la sainteté,
en se donnant au Christ à cause du Royaume des cieux.
Par ce mystère d'alliance,
    tu veux que notre condition humaine
    retrouve sa splendeur première
et que, dès ici-bas, nous ayons un avant-goût
    des biens que tu nous donneras dans le monde à venir.
C'est pourquoi, avec les anges et tous les saints,
    nous chantons et proclamons : **Saint !...**

Antienne de la communion

Heureux les pauvres de cœur,
le Royaume des cieux est à eux.   (Mt **5**, 3)

Prière après la communion

Par cette communion, Seigneur,
    qui nous a rassemblés dans ton amour,
donne-nous la force qui animait sainte Bernadette,
    dans sa lutte pour la sainteté.
Par Jésus, le Christ, notre Seigneur.

Dès 1868, aux jours de plus grande foule, certains pèlerinages organisèrent une procession eucharistique. Elle descendait de la Crypte, par les lacets, vers la Grotte où avait lieu une bénédiction des malades.

Ce n'est qu'en 1888 que la procession va devenir une "institution". Elle se déroulera alors sur l'Esplanade aménagée après la construction de la Basilique du Rosaire.

Christ ressuscité, tu es vivant au milieu de nous.

La messe nous a rassemblés autour du Christ. Sous le signe du pain, devenu son Corps, nous avons pris la nourriture de vie.
Maintenant, nous voici invités à reconnaître la présence du Ressuscité sur le chemin des hommes. Il est le Chemin, la Vérité, la Vie.
La procession du Saint-Sacrement est une démarche de foi.

Nous sommes là avec le Christ et pour le Christ.

Avec le Christ, nous formons l'Église. Peuple bigarré, nous nous sentons pourtant en communion de vie, de pensée et de foi.
Visage de l'Église, vision d'unité.
Pour le Christ, nous sommes là, avec notre pauvreté, nos misères, avec nos réussites et nos joies.
La procession du Saint-Sacrement est une démarche d'espérance.

Nous t'acclamons : tu es Seigneur.

Malades et bien-portants, nous acclamons notre Dieu et Sauveur Jésus Christ. Comme autrefois, le Christ, attentif aux besoins des hommes, passe au milieu des malades.
Comme autrefois, les foules, sur les routes de Palestine, nous marchons à la suite du Christ, rendant gloire à Dieu.
La procession du Saint-Sacrement est la marche de prière d'un peuple en liesse.

L'adoration eucharistique

Pendant notre pèlerinage, dans le silence, venons nous asseoir près du Christ, notre ami.

Le Seigneur Jésus nous invite à communier par l'intime du cœur à son grand amour pour le Père et pour ses frères les hommes.

Il nous appelle à le suivre de plus près sur le chemin qu'Il a lui-même suivi « par la passion et par la croix, jusqu'à la gloire de la résurrection ».

Pourquoi n'irions-nous pas lui parler de notre vie et de celle de nos frères?

Allons nous recueillir dans la Crypte, où le Saint-Sacrement est exposé. Venons adorer Jésus, le Fils de Dieu, dans le Saint-Sacrement.

(Textes bibliques et acclamations pour soutenir notre prière)

Jésus notre pain de vie

Communier à Jésus mort et ressuscité, c'est croire à sa Parole qui, du pain et du vin, fait son Corps et son Sang. C'est prendre la nourriture de Vie qui donne la force de poursuivre la route et qui s'épanouira en parfaite communion dans le Royaume.

« Après avoir multiplié les pains
Jésus disait à la foule :
« Moi, je suis le Pain vivant,
qui est descendu du ciel :
si quelqu'un mange de ce pain,
il vivra éternellement.
Le Pain que je donnerai, c'est ma chair,
pour la vie du monde ».
Oui, vraiment, je vous le dis,
si vous ne mangez pas la chair du Fils de l'homme,
et si vous ne buvez pas son sang,
vous n'avez pas la vie en vous.

Celui qui mange ma chair et boit mon sang
a la vie éternelle;
et moi, je le ressusciterai au dernier jour.
En effet, ma chair est la vraie nourriture,
et mon sang est la vraie boisson.
Celui qui mange ma chair et boit mon sang
demeure en moi,
et moi, je demeure en lui.
De même que le Père, qui est la vie, m'a envoyé,
et que moi je vis par le Père,
de même aussi celui qui me mangera
vivra par moi. »

(Jean 6, 51, 53-57)

Acclamations

Seigneur, nous t'adorons.
Seigneur, nous croyons en toi.
Seigneur, nous espérons en toi.

O Jésus, tu es le Christ, le Fils du Dieu vivant.
O Jésus, tu es le Pain descendu du ciel.
O Jésus, fais que nous nous aimions les uns les autres.

Seigneur, nous t'aimons.
Seigneur, tu es la Résurrection et la vie.
Seigneur, auteur de la Vie, nous t'adorons.

Jésus notre unité

Voici les dernières paroles de Jésus avant sa Passion, son testament, en quelque sorte.
Il fait le don de sa vie pour qu'entre les fils de Dieu règne l'unité qui s'enracine dans l'amour, dont la source et le modèle est l'amour même de Dieu.
Travailler à l'unité, c'est rendre crédible la Bonne Nouvelle de Jésus, venu pour rassembler et pour sauver.

Avant de passer de ce monde à son Père,
Jésus leva les yeux au ciel et pria ainsi :
« Je ne prie pas seulement pour ceux qui sont là;
mais encore pour ceux qui accueilleront leur parole
et croiront en moi :

Que tous, ils soient un,
comme toi, Père, tu es en moi,
et moi en toi.
Qu'ils soient un en nous, eux aussi,
pour que le monde croie
que tu m'as envoyé.
Et moi, je leur ai donné la gloire que tu m'as donnée,
pour qu'ils soient un
comme nous sommes un :
moi en eux
et toi en moi.
Que leur unité soit parfaite;
ainsi, le monde saura
que tu m'as envoyé,
et que tu les as aimés
comme tu m'as aimé.
Père juste,
le monde ne t'a pas connu,
mais moi je t'ai connu,
et ils ont reconnu, eux aussi,
que tu m'as envoyé.
Je leur ai fait connaître ton nom,
et je le ferai connaître encore;
pour qu'ils aient en eux
l'amour dont tu m'as aimé,
et que moi aussi, je sois en eux. »
(Jean 17, 20-26)

Acclamations

Seigneur, je crois en toi... tu es le pain de la Vie.
Seigneur, je t'adore...   tu es le Fils du Dieu vivant.
Seigneur, je Te prie...   tu es la Force de Dieu.

O Christ, fais que je voie...   les merveilles de ton amour.
O Christ, fais que j'entende... ta Parole de vérité.
O Christ, fais que je marche... avec toi qui es le Chemin.

Seigneur, fortifie mon espérance...   tu es le Dieu fidèle.
Seigneur, éclaire mon intelligence... tu es la lumière éclatante.
Seigneur, augmente ma foi...   pour que je te prouve mieux mon amour.

194 Gloire à l'Agneau de Dieu

1 Le salut, la puissance,
   la gloire à notre Dieu,   Alléluia!
   Ils sont justes, ils sont vrais,
   ses jugements.   Alléluia!

2 Célébrez notre Dieu,
   serviteurs du Seigneur,   Alléluia!
   vous tous qui le craignez,
   les petits et les grands.   Alléluia!

3 Il règne, le Seigneur,
   notre Dieu tout-puissant,   Alléluia!
   Exultons, crions de joie,
   et rendons-lui la gloire!   Alléluia!

4 Car elles sont venues,
   les Noces de l'Agneau,   Alléluia!
   Et pour lui son épouse
   a revêtu sa parure.   Alléluia!

(Apocalypse 19, 1-2, 5-7)

Autres textes:
Matthieu 5, 1-12: les Béatitudes. (page 77).
1 Corinthiens 13, 4-13: hymne à la charité. (page 80).
Philippiens 2, 6-10: hymne au Christ. (page 81).

Cantiques:
en particulier ceux des pages 231-241.

Réflexion:
pour notre vie après le pèlerinage, pages 202-203.

l'onction des malades

Envoyés en mission par Jésus, les Apôtres « partirent et proclamèrent qu'il fallait se convertir. Ils chassaient beaucoup de démons, faisaient des onctions d'huile à de nombreux malades, et les guérissaient ». (Marc 6, 12-13)

Lecture de la lettre de saint Jacques (5, 13-16)
« Frères, si l'un de vous est dans la souffrance, qu'il prie; si quelqu'un est dans la joie, qu'il chante le Seigneur. Si l'un de vous est malade, qu'il appelle ceux qui exercent dans l'Église la fonction d'Anciens : ils prieront sur lui après lui avoir fait une onction d'huile au nom du Seigneur. Cette prière inspirée par la foi sauvera le malade : le Seigneur le relèvera et, s'il a commis des péchés, il recevra le pardon. Reconnaissez vos péchés les uns devant les autres, et priez les uns pour les autres afin d'être guéris... »

un sacrement pour vivre

L'onction des malades n'est pas le sacrement de ceux qui se trouvent à toute extrémité. Ce sacrement reconnaît et sanctifie une situation difficile dans laquelle cet homme ou cette femme, parce qu'il est malade, a besoin d'une aide particulière pour continuer à vivre à plein sa vie de fils ou fille de Dieu.

Par l'onction, l'Église recommande les malades au Seigneur souffrant et glorifié pour qu'il les soulage et les sauve; elle les exhorte à s'associer librement à la passion du Christ, pour le bien de tout le peuple de Dieu.

On doit donc proposer ce sacrement à ceux dont la santé commence à être sérieusement atteinte par la maladie ou la vieillesse, ou à ceux qui vont subir une opération importante.

A Lourdes, l'Onction des malades, célébrée souvent avec la participation de tous les pèlerins malades et bien portants, retrouve son caractère de vraie célébration communautaire.

Elle invite à un nouveau regard sur le monde des malades, à une redécouverte de l'espérance chrétienne.

Chaque pèlerin sera porté, le moment venu, à demander l'Onction pour soi-même et à la proposer aux malades de son entourage.

Cela suppose une préparation sérieuse à ce sacrement.

Je puis me poser les trois questions suivantes et en parler avec les autres et un prêtre durant le pèlerinage :

1 Ma maladie complique-t-elle sérieusement mon existence ? risque-t-elle de durer très longtemps, toute ma vie peut-être...?

2 Ai-je l'habitude de confier mes difficultés au Seigneur ? Ai-je l'habitude de lui demander son aide pour ma vie de malade, pour faire des progrès dans ma vie avec les autres ?

3 Aimerais-je recevoir à Lourdes l'aide de Jésus Christ dans ce sacrement qui est signe de son attention et de son amour pour moi ?

Lourdes n'est pas le lieu unique où les malades peuvent recevoir le sacrement qui leur est destiné. Il sera parfois préférable de le recevoir dans le cadre de la paroisse ou de la communauté à laquelle on appartient.

CÉLÉBRATION DU SACREMENT DE L'ONCTION DES MALADES

1. Entrée en célébration. (par exemple)

« Nous voici réunis autour de nos frères et sœurs éprouvés par la maladie. Dieu, aujourd'hui, vient les visiter pour leur apporter espérance et réconfort.

Écoutons d'abord la parole de Dieu : elle suscitera notre prière. »

2. Lecture de la Parole de Dieu.

Par exemple : lettre de saint Jacques (p. 195) ;
Marc 2, 1-12 (guérison d'un paralysé) ;
Luc 7, 19-23 (Es-tu celui qui doit venir ?) ;
Actes 3, 1-10 ou 11-16 (Pierre guérit un infirme) ;
Colossiens 1, 22-29 (pour l'Église) ;
Apocalypse 21, 1-7 (Dieu essuiera toute larme).

3. Prière litanique et imposition des mains.

Pour que ton amour infini vienne visiter et réconforte ceux et celles qui vont recevoir ton Onction, Seigneur, nous te prions.

R. Seigneur ton amour soit sur nous,
comme notre espoir est en toi.

Pour que tu délivres de tout péché et de tout mal ceux qui se confient à ta miséricorde, Seigneur, nous te prions.

Pour que tu donnes vie et salut à ceux et à celles à qui nous allons imposer les mains, Seigneur, nous te prions.

L'imposition des mains se fait en silence.

4. Action de grâce pour l'huile sainte.

Bénissons le Seigneur qui, par l'onction de l'huile sainte, veut soulager tous ceux qui sont dans l'épreuve.

Béni sois-tu, Dieu notre Père tout-puissant : pour nous et pour notre salut, tu as envoyé ton Fils Jésus dans le monde.

R. Béni sois-tu Seigneur, Dieu de tendresse et d'amour.

Béni sois-tu, Dieu le Fils unique : prenant notre condition d'homme, tu as voulu porter remède à nos maladies.

Béni sois-tu, Dieu, Esprit Saint : tu nous aides et tu nous guides, ta force affermit notre faiblesse.

Prière Seigneur, vois nos frères et sœurs malades : ils vont recevoir dans la foi l'onction de l'huile sainte.
Qu'ils soient réconfortés dans leurs souffrances et fortifiés dans leur faiblesse. Par Jésus, le Christ, notre Seigneur.

5. L'onction d'huile.

Le célébrant faït une onction d'huile sainte sur le front, puis sur les mains de chaque malade en disant :

**N..., par cette onction sainte,
que le Seigneur, en sa grande bonté,
vous réconforte par la grâce de l'Esprit Saint.**

R. Amen.

**Ainsi, vous ayant libéré de tous péchés,
qu'il vous sauve et vous relève.**

R. Amen.

6. Prière après l'onction.

On peut alors exprimer des intentions de prière, et le célébrant conclut par une prière. Par exemple :

Frères bien-aimés, en reconnaissance pour le don reçu de Dieu dans ce sacrement de l'onction des malades, ouvrons nos cœurs aux dimensions du monde. Qu'à travers leurs joies et leurs luttes, tous les hommes soient associés à la victoire de Jésus-Christ.

Refrain : **Je crois Seigneur,**
          Tu es source de vie. (Fiche L 79)

1. *Pour tous ceux qui participent à la Passion du Christ,*
   par la maladie ou la dureté de leur existence, afin que Dieu
   leur donne force et courage, prions le Seigneur.

2. *Pour toutes les personnes âgées, les infirmes et les enfants*
   handicapés, afin que leur entourage sache les comprendre et
   les aimer tout au long de leur épreuve,
   prions le Seigneur.

3. *Pour tous ceux qui soignent les malades ou se mettent à leur*
   service, pour ceux qui nous accueillent à Lourdes, afin que
   dans leur cœur rayonne toujours la joie, prions le Seigneur.

4. *Pour tous les membres de l'Église du Christ, afin qu'une*
   même charité les unisse dans l'esprit de l'Évangile au service
   des pauvres et des petits, prions le Seigneur.

Dieu éternel et tout-puissant, consolation des affligés, force de
ceux qui peinent, entends les prières des hommes qui t'appellent,
qu'elles que soient leurs souffrances : qu'ils aient la joie de trouver dans leur détresse le secours de ta miséricorde. Par Jésus,
le Christ, notre Seigneur.

7. Bénédiction finale.

Frères et Sœurs malades, que Dieu notre Père vous garde en
son amour.
R. Amen!

Que son Fils Jésus veille sur vous et vous réconforte.
R. Amen!

Que le Saint-Esprit de Dieu vous éclaire et vous conseille.
R. Amen!

Et vous tous qui êtes ici, que Dieu tout puissant vous bénisse
le Père, le Fils et le Saint-Esprit.
R. Amen!

Note : *l'onction des malades, surtout si elle en concerne un assez*
grand nombre, se situe très bien dans le cadre d'une messe, après
la Liturgie de la Parole. On peut prendre les textes du jour, ceux
de la Messe pour les malades, ou d'autres.

après
Lourdes

une prière
avant de quitter la grotte

rêverie
dans le train du retour

Vierge Marie, en ces jours de pèlerinage,
tu m'as aidé à recevoir au cœur l'Évangile,
la Bonne Nouvelle de Jésus, ton Seigneur et ton Fils,
C'est lui mon Sauveur, qu'il soit béni !

Mais quand il m'appelle à le suivre,
quand il me dit d'aimer vraiment, comme il aime,
de pardonner sans cesse, d'accueillir l'étranger,
alors je me sens faible et craintif.

Et je regarde vers toi, Marie, « dans le creux du rocher »,
implorant ton aide et cherchant ton secret.

« Que soy era immaculada Councepciou »
Je lis en lettres d'or, au pied de la statue,
le nom que tu confias, ici, à Bernadette,
un vingt-cinq mars, jour d'Annonciation...

Immaculée dès le premier instant,
Créature nouvelle, « pétrie par l'Esprit Saint »,
Sanctuaire de l'Esprit, comblée de grâce,
Je te salue Marie !

Au jour d'Annonciation, l'Esprit « qui donne la vie »
inspire ta réponse d'amour
et fait germer en toi Jésus-Sauveur.
Je te salue Marie !

Un souffle de vent alerta Bernadette
comme un souvenir du vent de Pentecôte
qui annonça le Don de l'Esprit.
Je te salue Marie !

O Marie, Mère de l'Église,
comme les premiers disciples de Jérusalem
nous persévérons avec toi dans la prière
nous souvenant de Jésus pour invoquer l'Esprit.

C'est l'Esprit de Jésus, l'Amour du Père et du Fils,
qui nous envoie aujourd'hui dans le monde,
pour y être témoins de Jésus et artisans de paix.

Viens Esprit Saint, remplis le cœur de tes fidèles
et allume en eux le feu de ton amour.
Lave ce qui est souillé, baigne ce qui est aride,
guéris ce qui est blessé, réchauffe ce qui est froid.

O Marie, en quittant cette grotte,
pour retourner à nos travaux et soucis de tous les jours
nous te demandons finalement une chose :
que ta prière maternelle nous obtienne l'Esprit Saint.

Magnificat... Mon âme exalte le Seigneur,
Exulte mon esprit en Dieu mon Sauveur.

Je me souviens...

Ces quelques jours à Lourdes ont passé si vite!
Ces moments de paix et de prière...
Ce malade avec qui j'ai parlé...
Cette foule si variée... peuple de Dieu...
l'Église de Jésus Christ.

Le Puissant fit pour moi des merveilles
Saint est son Nom!
Son amour s'étend d'âge en âge.

J'ai beaucoup reçu *au cours du pèlerinage*
en écoutant d'autres pèlerins dans les carrefours,
en participant à la méditation du rosaire,
en regardant silencieusement la Vierge Marie.

J'ai beaucoup reçu de Dieu
sa miséricorde et son pardon,
une lumière sur le sens de ma vie,
une grande joie de savoir que Dieu est Amour.

Il comble de biens les affamés
renvoie les riches les mains vides.

Je voudrais partager...

Comme Bernadette a témoigné de ce qu'elle avait vu et entendu,
je voudrais communiquer ma joie autour de moi.
Pour transmettre et partager, il me faut d'abord en vivre.
Comme un pauvre, je ferai confiance au Seigneur,
sans me laisser décourager par mes faiblesses.
Que ton Esprit, Seigneur, fasse de moi un serviteur et un témoin,
O Marie, priez pour moi, priez pour nous.

Gloire au Père, au Fils et au Saint-Esprit.

Nous rentrons de Lourdes.

Pendant ces jours de pèlerinage, nous avons été
un peuple fraternel...
un peuple qui écoute la Parole de Dieu...
un peuple en prière...
un peuple en fête...
un peuple témoin de l'Évangile...
Avec un certain recul déjà, nous nous demandons :
en quoi ce pèlerinage nous a-t-il marqués ?
quelle lumière y avons-nous trouvée ?

Nous rentrons chez nous.

Allons-nous simplement reprendre nos vieilles habitudes ?
Lourdes va-t-il changer quelque chose
... dans notre vie personnelle... notre prière...?
... dans nos rapports avec notre entourage ?
... dans notre vie en communauté chrétienne ?
... dans notre responsabilité de chrétien
au service du monde où nous vivons ?
dans notre milieu de travail ?

A l'occasion de notre pèlerinage,
notre foi a-t-elle progressé ?

Si Jésus nous demandait : « Qui dites-vous que je suis ? »
que répondrions-nous maintenant ?
Au retour de Lourdes, pourrions-nous dire quelle est notre es-
pérance ? Comment expliquerons-nous notre confiance en la
Vierge Marie ?
En quoi toute notre vie peut-elle être « un pèlerinage » ?

Notre Père céleste,
fais-toi reconnaître comme Dieu,
fais venir ton règne,
fais se réaliser ta volonté
sur la terre à l'image du ciel...

(Traduction Œcuménique de la Bible).

chants

le peuple
de Dieu se rassemble

le peuple de Dieu entend
l'appel à la conversion

le peuple de Dieu
reconnaît la présence
du Seigneur sur le chemin
des hommes

le peuple de Dieu
rend grâce par l'Eucharistie

le peuple de Dieu
chante la Vierge Marie

chants latins

CHANT A SAINTE BERNADETTE

Saint Voirin-Lourdes

R Avec toi, Bernadette, nous marchons vers la clarté du Ciel.

1 Conduis nos pas vers la montagne de clarté,
   Où Dieu révèle son visage et sa bonté.

2 Conduis nos pas vers Notre-Dame de blancheur,
   Dont le sourire est accueillant pour les pécheurs.

3 Conduis nos pas vers la fontaine de cette eau
   Coulant sans fin des meurtrissures de l'Agneau.

4 Conduis nos pas vers la cité des Bienheureux,
   Où Dieu efface toute larme de nos yeux.

CHANTEZ AU SEIGNEUR
UN CANTIQUE NOUVEAU

I 82 bis

Lécot-Lesbordes-Lourdes

R Chantez au Seigneur un cantique nouveau,
   alléluia, alléluia, alléluia!

1 Christ est vivant, vainqueur du tombeau,
   Ressuscité d'entre les morts.

2 Nous étions morts avec Jésus Christ :
   C'est avec Lui que nous vivons.

3 Au Roi des rois, vivant pour toujours,
   Gloire et honneur dans tous les temps.

DIEU NOUS ACCUEILLE

Lécot-Lourdes

R Dieu nous accueille en sa maison,
   Dieu nous invite à son festin :
   Jour d'allégresse et jour de joie!
   Alléluia!

1. O quelle joie quand on m'a dit :
   « Approchons-nous de sa Maison,
   dans la cité du Dieu Vivant! »

2. Jérusalem, réjouis-toi,
   car le Seigneur est avec toi :
   pour ton bonheur, il t'a choisie!

3. Criez de joie pour notre Dieu,
   Chantez pour lui, car il est bon,
   car éternel est son amour!

4. Avec Jésus, nous étions morts;
   avec Jésus, nous revivons.
   Nous avons part à sa clarté.

5. Approchons-nous de ce repas
   où Dieu convie tous ses enfants,
   mangeons le Pain qui donne vie.

6. « Si tu savais le Don de Dieu »,
   si tu croyais en son amour,
   tu n'aurais plus de peur en toi.

7. Que Jésus Christ nous garde tous
   dans l'unité d'un même Corps,
   nous qui mangeons le même Pain.

8. Soyons témoins de son Esprit!
   que disparaisse toute peur!
   Montrons au monde notre foi!

ÉGLISE DU SEIGNEUR

K 128

Lécot-Lourdes

R   Peuple de Dieu, Cité de l'Emmanuel,
    Peuple de Dieu, sauvé dans le sang du Christ,
    Peuple de baptisés, Église du Seigneur,
    Louange à toi.

1. Peuple choisi pour être ami de Dieu,
   Rappelle-toi l'Alliance avec Moïse,
   Et la Promesse faite à ceux qui croient dans le Seigneur.

2. Peuple choisi pour être ami de Dieu,
   Rappelle-toi l'annonce du Baptiste :
   « Dieu va venir! Prépare le chemin, change ton cœur. »

3. Peuple choisi pour être ami de Dieu,
   Rappelle-toi Marie, comblée de grâce,
   Humble servante nous montrant sa foi dans l'Éternel.

4 Peuple choisi pour être ami de Dieu,
Rappelle-toi le temps de sa visite :
Chez les plus pauvres vient le Fils de Dieu, pour te sauver.

5 Peuple choisi pour être ami de Dieu,
Rappelle-toi la Croix du Fils unique :
Dans sa tendresse, Dieu nous a sauvés en Jésus Christ.

6 Peuple choisi pour être ami de Dieu,
Rappelle-toi le Christ et l'Évangile :
« Restez en moi, vivez de mon amour », dit le Seigneur.

7 Peuple choisi pour être ami de Dieu,
Rappelle-toi l'Église du silence :
A son exemple, fortifie ta foi dans le Seigneur.

8 Peuple choisi pour être ami de Dieu,
Rappelle-toi l'effort de ceux qui luttent
Pour plus d'amour, de paix, de charité dans l'univers.

9 Peuple choisi pour être ami de Dieu,
Rappelle-toi ta marche d'espérance
Vers le Royaume où cesse toute peur, près du Seigneur.

EN MARCHANT
VERS TOI, SEIGNEUR

L 93

Lécot-Lethielleux

R En marchant vers toi, Seigneur, notre cœur est plein de joie :
Ta lumière nous conduit vers le Père, dans l'Esprit,
Au Royaume de la vie.

1 Tu dissipes, ô Jésus Christ, les ténèbres du péché,
Car tu es lumière et vie, et tous ceux qui croient en toi,
Tu les nommes « fils de Dieu ».

2 Dieu nous aime le premier, d'un amour fidèle et sûr,
Il nous donne Jésus Christ, qui nous sauve de la mort,
En mourant sur une croix.

3 Dieu demeure dans nos cœurs, et nous offre son amour,
Mais si nous l'aimons vraiment, nous devons aimer aussi,
Tous nos frères, près de nous.

4 Rendons gloire, à notre Dieu, Créateur de l'univers,
A Jésus ressuscité, à l'Esprit de charité,
Maintenant et à jamais.

ESPRIT DE PENTECOTE, SOUFFLE DE DIEU

Debaisieux-Mannick-SM

K 138

209

R **Esprit de Pentecôte, souffle de Dieu**
   Vois ton Église aujourd'hui rassemblée,
   Esprit de Pentecôte, souffle d'Amour,
   Emporte-nous dans ton élan. (bis)

1. Peuple de Dieu
   Nourri de sa Parole,
   Peuple de Dieu
   Vivant de l'Évangile,
   Peuple de Dieu
   Se partageant le pain,
   Peuple de Dieu
   Devenu Corps du Christ.

2. Peuple de Dieu
   Aux écoutes du monde,
   Peuple de Dieu
   Partageant ses combats,
   Peuple de Dieu
   Solidaire des hommes,
   Peuple de Dieu
   Assoiffé de justice.

3. Peuple de Dieu
   Engagé dans l'histoire,
   Peuple de Dieu
   Témoin de son Royaume,
   Peuple de Dieu
   Portant l'espoir des hommes,
   Peuple de Dieu
   Bâtissant l'avenir.

GLOIRE A DIEU, PAIX AUX HOMMES F 156

Berthier-Union-Fleurus

R **Gloire à Dieu, paix aux hommes, Joie du ciel sur la terre.**

1 **Pour tes merveilles, Seigneur Dieu,**
   Ton peuple te rend grâce,
   Ami des hommes, sois béni pour ton règne qui vient!
   A toi les chants de fête par ton Fils bien-aimé, dans l'Esprit.

2 **Sauveur du monde, Jésus Christ, écoute nos prières;**
   Agneau de Dieu vainqueur du mal, sauve-nous du péché!
   Dieu saint, splendeur du Père, Dieu vivant,
   Le Très-Haut, le Seigneur.

ENSEMBLE, NOUS FORMONS L'ÉGLISE

Lécot-Neumark-Lourdes

210

R **Ensemble, nous formons l'Église,**
   le Peuple saint des baptisés :
   un même Père nous rassemble,
   un même Esprit demeure en nous.
   Marchons ensemble dans la foi,
   vers la Cité des bienheureux !

1. "Je suis venu pour les malades,
   pour les pécheurs", nous dit Jésus.
   "Je ne viens pas juger le monde :
   Je viens pour lui donner la vie."
   "Vous qui peinez, venez à moi :
   vous trouverez le vrai repos".

2. Le Christ, jusqu'à la fin du monde
   souffre avec nous et souffre en nous.
   Il vient remplir de sa présence
   nos maladies et nos douleurs.
   Si nous souffrons avec Jésus,
   avec Jésus, nous règnerons.

3. Ce qui est faible dans le monde,
   Dieu l'a choisi pour étonner.
   Ce qui est vil aux yeux des hommes,
   — ce qui n'est rien —, Dieu l'a choisi.
   "Le plus petit d'entre vous tous
   en vérité est le plus grand".

4. Un même esprit nous fait renaître :
   nous sommes membres d'un seul Corps.
   Et tous ces membres, dans leur nombre,
   ne font qu'un Corps en Jésus Christ.
   Que chaque membre ait le souci
   des autres membres de ce Corps.

5. "Gravez en vous cette parole :
   c'est mon commandement nouveau.
   Vous devez tous, à mon image,
   les uns les autres vous aimer.
   Alors le monde connaîtra
   mes vrais disciples", dit Jésus.

ENVOIE TES MESSAGERS

Rozier-Chalet

R Envoie tes messagers, Seigneur, dans le monde entier,
  Envoie tes messagers, pour qu'il chante ta gloire,
  Alléluia !

1. Tu nous choisis, Seigneur, tu nous prends pour témoins,
   pour être la clarté qui brille sur les monts.

2. Après avoir connu la grâce de ton choix,
   nous avons répondu, joyeux, à ton appel.

4. Pour suivre ton chemin et parvenir à toi,
   accorde-nous, Seigneur, la joie de te servir.

7. Le monde garde encore l'espoir d'un Rédempteur ;
   tu nous envoies vers lui pour le conduire à toi.

8. Tu a sauvé le monde en y plantant ta croix ;
   c'est sur la même croix que nous le servirons.

9. C'est toi qui nous choisis, nous sommes tes amis ;
   tu donnes ton amour par ton vivant Esprit.

10. Qu'un jour le monde entier, refait par ton amour,
    découvre le chemin qui mène au Paradis.

11. Les hommes connaîtront sur ton visage, ô Christ,
    l'amour du Dieu vivant, la gloire du Seigneur !

NOUS CHANTERONS POUR TOI

K 38

Hameline-Fleurus

1 Nous chanterons pour toi, Seigneur,
  Tu nous as fait revivre ;
  Que ta parole dans nos cœurs
  A jamais nous délivre.

Le Dessein de Dieu

2 Nous contemplons dans l'univers
  Les traces de ta gloire,
  Et nous avons vu tes hauts faits,
  Éclairant notre histoire.

3 La terre tremble devant toi,
  Les grandes eaux frémissent,
  Le monde est l'œuvre de tes doigts
  Ciel et vents t'obéissent.

4   Nos pères nous ont raconté
    Ton œuvre au long des âges :
    Tu viens encor nous visiter
    Et sauver ton ouvrage.

Le salut de Jésus Christ

5   Car la merveille est sous nos yeux :
    Aux chemins de la terre,
    Nous avons vu les pas d'un Dieu
    Partageant nos misères.

6   Les mots de Dieu ont retenti
    En nos langages d'hommes,
    Et nos voix chantent Jésus Christ
    Par l'Esprit qu'il nous donne.

7   Tes bras, Seigneur, sont grands ouverts
    Pour accueillir les pauvres,
    Car ton amour nous est offert
    Par ton Fils qui nous sauve.

L'Église

8   Tu viens, Seigneur, pour rassembler
    Les hommes que tu aimes ;
    Sur les chemins de l'unité
    Ton amour les ramène.

9   Des quatre points de l'horizon
    Les peuples sont en marche
    Pour prendre place en la Maison
    Que, par nous, tu prépares.

L'Eucharistie

10 Tu prends la tête du troupeau
    Comme un pasteur fidèle,
    Et tu le guides vers les eaux
    De la vie éternelle.

11 Ton bras, Seigneur, vient relever
    Les pauvres sans défense,
    Et près de toi les affamés
    Trouveront l'abondance.

12 Ton cœur nous ouvre le festin
    Des noces éternelles,
    Et nous allons par les chemins
    Annoncer la nouvelle.

La mission

13   Ta sainte Vigne, ô Jésus Christ,
      Sur les coteaux du monde,
      Tu la feras porter du fruit
      En récolte féconde.

14   Le monde attend de nous, Seigneur,
      Un signe de ta gloire,
      Que l'Esprit vienne dans nos cœurs
      Achever ta victoire.

15   Tu mets au cœur des baptisés
      Ta jeunesse immortelle,
      Ils porteront au monde entier
      Ta vivante étincelle.

Doxologie

16   Gloire éternelle au Dieu vainqueur,
      Au maître de l'histoire
      Que l'Esprit chante dans nos cœurs
      Sa louange de gloire.

O SEIGNEUR,
JE VIENS VERS TOI

E 116

Prophette-SM

R   **O Seigneur, je viens vers Toi, je viens vers Toi,**
    je te cherche, mon Dieu.
    O Seigneur, écoute-moi, écoute-moi, Je t'espère mon Dieu.

1   Toi, Seigneur, tu es la vie,
    Moi, je n'étais rien.
    Toi, tu m'as donné la vie,
    Moi, je suis ton enfant.

2   Toi, Seigneur, Tu es l'amour,
    Moi, j'étais perdu,
    Toi, Tu es toute tendresse,
    Moi, je cherche ta main.

3   Toi, Seigneur, Tu es pardon,
    Moi, je suis pécheur,
    Tu écoutes et Tu pardonnes,
    Oh, mon Dieu, je t'implore.

4   Toi, Seigneur, Tu es lumière,
    Moi, je ne vois pas.
    Ta parole nous éclaire,
    Fais, Seigneur, que je voie.

PEUPLE DE FRÈRES

T 122

Scouarnec-Akepsimas-SM

214

1. Dans la nuit se lèvera une lumière,
   L'espérance habite la terre :
   La terre où germera le salut de Dieu !
   Dans la nuit se lèvera une lumière,
   Notre Dieu réveille son peuple !

   Peuple de frères, peuple du partage,
   Porte l'évangile et la paix de Dieu !

2. L'amitié désarmera toutes nos guerres,
   L'espérance habite la terre :
   La terre où germera le salut de Dieu !
   L'amitié désarmera toutes nos guerres,
   Notre Dieu pardonne à son peuple !

3. La tendresse fleurira sur nos frontières
   L'espérance habite la terre :
   La terre où germera le salut de Dieu !
   La tendresse fleurira sur nos frontières
   Notre Dieu se donne à son peuple !

4. Un soleil se lèvera sur nos calvaires,
   L'espérance habite la terre :
   La terre où germera le salut de Dieu !
   Un soleil se lèvera sur nos calvaires,
   Notre Dieu fait vivre son peuple !

PEUPLE DE L'ALLIANCE

G 244

Scouarnec-Akepsimas-SM

1. Peuple de l'Alliance, ⎱ (bis)
   Ton Dieu te fais signe ⎰
   Marche à la suite de Jésus !
   Va crier son nom
   Sur les chemins du monde (bis)

2. **Peuple de l'Alliance,**
   Ton Dieu te réveille.
   Passe la mer avec Jésus !
   Va creuser ta soif
   Dans les déserts du monde (bis)

3. Peuple de l'Alliance,
   Ton Dieu te pardonne.
   Prends la lumière de Jésus !
   Va semer l'amour
   Dans les hivers du monde (bis)

4. Peuple de l'Alliance,
   Ton Dieu te libère.
   Porte ta croix avec Jésus !
   Va planter la paix
   Aux carrefours du monde (bis)

5. Peuple de l'Alliance,
   Ton Dieu t'illumine.
   Passe la mort avec Jésus !
   Va danser la vie
   Sur les tombeaux du monde (bis)

6. Peuple de l'Alliance,
   Ton Dieu est ta force.
   Ouvre tes portes avec Jésus !
   Tu vivras d'Esprit
   Aux quatre-vents du monde (bis)

PEUPLE DE PRÊTRES

C 49

Deiss-SM

R **Peuple de prêtres, Peuple de rois,**
  Assemblée des saints, Peuple de Dieu,
  Chante ton Seigneur !

1 Nous te chantons, ô Fils bien-aimé de ton Père,
  Nous te louons, Sagesse éternelle et Verbe de Dieu.
  Nous te chantons, ô fils de la Vierge Marie,
  Nous te louons, ô Christ, notre frère, venu nous sauver.

2 Nous te chantons, Splendeur de la lumière éternelle,
  Nous te louons, Étoile du matin annonçant le jour.
  Nous te chantons, lumière éclairant nos ténèbres,
  Nous te louons, Flambeau de la nouvelle Jérusalem.

6 Nous te chantons, Berger qui nous conduis au Royaume
  Nous te louons, rassemble tes brebis en un seul bercail.
  Nous te chantons, ô Source jaillissante de grâce,
  Nous te louons, Fontaine d'eau vive pour notre soif.

PEUPLE
OÙ S'AVANCE LE SEIGNEUR

216

Hameline-MS. Nevers-CMS

1 Peuple où s'avance le Seigneur,
Marche avec lui parmi les hommes.

Dieu saura bien ouvrir ton cœur
Pour que tu portes sa Parole.

Peuple où s'avance le Seigneur,
Marche avec lui parmi les hommes.

3 Dieu nous confie le mot de « paix »
Quand va le monde au bruit des armes.

Il nous réveille et nous tient prêts
A le connaître en toutes larmes.

Dieu nous confie le mot de « paix »
Quand va le monde au bruit des armes.

4 Quand dans la gloire il reviendra,
Nous connaîtrons ce que nous sommes.

Car le Seigneur nous montrera
L'Esprit qui brûle en nos vies d'hommes :

Quand dans la gloire il reviendra,
Nous connaîtrons ce que nous sommes.

SEIGNEUR, RASSEMBLE-NOUS

Ombrie-Chalet

R **Seigneur, rassemble-nous dans la paix de ton amour.**

1 Nos fautes nous séparent,
Ta grâce nous unit,
La joie de ta victoire
Éclaire notre nuit.

2 Tu es notre espérance
Parmi nos divisions;
Plus haut que nos offenses
S'élève ton pardon.

5 Fais croître en notre attente
L'amour de ta maison;
L'Esprit dans le silence
Fait notre communion.

6 Ta croix est la lumière
Qui nous a rassemblés :
O joie de notre terre,
Tu nous as rachetés!

UN SEUL SEIGNEUR   I 46

Deiss-SM

Appelés à garder l'unité de l'Esprit par le lien de la paix,
Nous chantons et nous proclamons :

R Un seul Seigneur, une seule foi,
Un seul baptême, un seul Dieu et Père!

Appelés à former un seul Corps dans un seul Esprit,
Nous chantons et nous proclamons :

Appelés à partager une seule espérance dans le Christ,
Nous chantons et nous proclamons :

GLOIRE A DIEU,
SEIGNEUR DES UNIVERS   A 217

Singer-Kempf-SM

R Gloire à Dieu, Seigneur des univers,
gloire, honneur, louange !
Vie aux hommes, habitants du monde,
vie, bonheur, tendresse !

1. Nous te louons, ô Père ! Tu sèmes la vie avec amour.
Et voici l'homme, l'homme vivant, reflet de ton visage.

2. Nous te suivons, ô Christ ! Tu livres ton esprit et ton corps.
Et voici l'homme, l'homme levé, arraché aux ténèbres.

3. Nous te chantons, Esprit ! Tu mets dans les cœurs d'autres
désirs.
Et voici l'homme, l'homme nouveau, brisant toutes frontières.

4. Nous te louons, toi Père, nous te suivons, Jésus-Christ.
Nous te chantons, toi l'Esprit, nous portons votre nom !

CHANGEZ VOS CŒURS

G 162

Lécot- Lethielleux

R Changez vos cœurs, croyez à la Bonne Nouvelle.
Changez de vie, croyez que Dieu vous aime.

1 Je ne viens pas pour condamner le monde;
Je viens pour que le monde soit sauvé.

2 Je ne viens pas pour les bien-portants ni pour les justes :
Je viens pour les malades, les pécheurs.

3 Je ne viens pas pour juger les personnes :
Je viens pour leur donner la Vie de Dieu.

4 Je suis le bon Pasteur, dit Jésus :
Je cherche la brebis égarée.

5 Je suis la Porte, dit Jésus :
Qui entrera par moi sera sauvé.

6 Qui croit en moi a la Vie éternelle :
Croyez en mes paroles et vous vivrez.

J'AI VU L'EAU VIVE

I 132

C.F.C.-L. Deiss-SM

1 J'ai vu l'eau vive
Jaillissant du cœur du Christ,
Alleluia. Alleluia.
Tous ceux que lave cette eau
Seront sauvés, ils chanteront,
Alleluia, alleluia, alleluia.

2 J'ai vu la source,
Devenir un fleuve immense
Alleluia, alleluia.
Les fils de Dieu rassemblés,
Chantaient leur joie d'être sauvés,
Alleluia, alleluia, alleluia.

3   J'ai vu le Temple
    Désormais s'ouvrir à tous,
    Alleluia, alleluia.
    Le Christ revient victorieux,
    Montrant la plaie de son côté,
    Alleluia, alleluia, alleluia.

4   J'ai vu le Verbe,
    Nous donner la paix de Dieu,
    Alleluia, alleluia.
    Tous ceux qui croient en son nom,
    Seront sauvés et chanteront,
    Alleluia, alleluia, alleluia.

O CROIX DRESSÉE SUR LE MONDE !   H 30

Servel-Chalet

1   O Croix dressée sur le monde,   ⎱ bis
    O Croix de Jésus Christ !   ⎰
    Fleuve dont l'eau féconde
    Du cœur ouvert a jailli,
    Par toi la vie surabonde,
    O Croix de Jésus Christ !

2   O Croix, sublime folie,   ⎱ bis
    O Croix de Jésus Christ !   ⎰
    Dieu rend par toi la vie
    Et nous rachète à grand prix :
    L'amour de Dieu est folie,
    O Croix de Jésus Christ !

3   O Croix, sagesse suprême,   ⎱ bis
    O Croix de Jésus Christ !   ⎰
    Le Fils de Dieu lui-même
    Jusqu'à la mort obéit;
    Ton dénuement est extrême,
    O Croix de Jésus Christ !

4   O Croix, victoire éclatante, ⎱ bis
    O Croix de Jésus Christ !   ⎰
    Tu jugeras le monde
    Au jour que Dieu s'est choisi,
    Croix à jamais triomphante,
    O Croix de Jésus Christ !

OUI, JE ME LÈVERAI

Deiss-SM

220 R **Oui, je me lèverai et j'irai vers mon Père.**

1 Vers toi, Seigneur, j'élève mon âme;
Je me confie en toi, mon espoir.

2 Vois mon malheur, regarde ma peine :
Tous mes péchés, pardonne-les-moi.

3 Mon cœur a dit : Je cherche ta face;
Entends mon cri, pitié, réponds-moi.

5 Ne ferme pas pour moi tes tendresses;
Que ton amour me garde à jamais.

6 Guéris mon cœur et guéris mon âme,
Car j'ai péché envers ton amour.

10 Rends-moi la joie de la délivrance,
Ouvre mes lèvres pour te chanter.

11 Heureux celui à qui Dieu pardonne
Toutes ses fautes, tous ses péchés.

12 Tu es ma joie, tu es mon refuge,
Tous les cœurs droits loueront le Seigneur.

OUVRE MES YEUX, SEIGNEUR

Scouarnec-Akepsimas-SM

1 Ouvre mes yeux, Seigneur,
Ouvre mes yeux, Seigneur
Aux merveilles de ton Amour.
Je suis l'aveugle sur le chemin.
Guéris-moi, je veux te voir.
Guéris-moi, je veux te voir.

2 Ouvre mes mains, Seigneur,
Ouvre mes mains, Seigneur,
Qui se ferment pour tout garder.
Le pauvre a faim devant ma maison.
Apprends-moi à partager.
Apprends-moi à partager.

3 Fais que je marche, Seigneur,
Fais que je marche, Seigneur,
Aussi dur que soit le chemin.
Je veux te suivre jusqu'à la croix.
Viens me prendre par la main,
Viens me prendre par la main.

4 Fais que j'entende, Seigneur,
Fais que j'entende, Seigneur,
Tous mes frères qui crient vers moi.
A leur souffrance et à leurs appels
Que mon cœur ne soit pas sourd.
Que mon cœur ne soit pas sourd.

5 Garde ma foi, Seigneur,
Garde ma foi, Seigneur.
Tant de voix proclament ta mort.
Quand vient le soir et le poids du jour
O Seigneur, reste avec moi.
O Seigneur, reste avec moi.

PRÉPAREZ
LES CHEMINS DU SEIGNEUR

E 134

Lécot-Décha-Lethielleux

R **Préparez les chemins du Seigneur,**
tout homme verra le salut de notre Dieu.

1 Que la terre entière tressaille d'allégresse,
Que tout l'univers soit en fête :
Voici venir la Gloire du Seigneur.

2 Qu'ils reprennent force et retrouvent leur courage,
Tous ceux qui ont peur et sont faibles :
Voici venir la Gloire du Seigneur!

3 C'est le Dieu fidèle qui vient sur notre terre,
L'Amour et la paix l'accompagnent :
Voici venir la Gloire du Seigneur!

4 Les yeux des aveugles viendront à la lumière,
Les sourds entendront sa parole :
Voici venir la Gloire du Seigneur!

5 Parmi les déserts jailliront des sources vives,
Et l'eau s'étendra dans les steppes :
Voici venir la Gloire du Seigneur!

6 Tous les rachetés marcheront à sa lumière,
Tous ceux que sa main a faits libres
Verront enfin la Gloire du Seigneur.

7 Ils arriveront dans la joie et l'allégresse,
Devant la cité du Dieu juste,
Pour vivre dans la Gloire du Seigneur!

TU ES LE PAUVRE

D. Ombrie-SM

222

R **Tu es le pauvre Seigneur Jésus.**
   En Toi la Gloire éternelle de Dieu.

1 Tu es le pauvre partout dans le monde,
   Que nos regards contemplent Ta pauvreté.

4 Tu es celui qui subit l'injustice,
   Tu es celui que tous ont abandonné.

5 Tu es le pauvre courbé sous la peine,
   Tu es celui qui souffre de nos péchés.

14 Tu nous révèles l'Amour de ton Père,
   Ta pauvreté nous ouvre le cœur de Dieu.

19 Nous attendons ton retour dans la gloire,
   Notre espérance, viens, ô Seigneur Jésus.

TU ES NOTRE DIEU

Scouarnec-Akepsimas-SM

R **Tu es notre Dieu et nous sommes ton peuple**
   Ouvre-nous le chemin de la vie

1. Toi qui tiens dans ta main la profondeur de l'homme,
   mets en nous aujourd'hui le levain du Royaume.

2. Tu dévoiles à nos yeux l'océan de ta grâce.
   Sois pour nous l'horizon, viens briser nos impasses.

3. Toi, le Dieu créateur, tu nous confies la terre.
   Saurons-nous, par l'Esprit, l'habiller de lumière ?

4. En Jésus le Seigneur tu nous dis ta Parole ;
   que l'esprit dans nos cœurs démasque nos idoles.

FAIS PARAITRE TON JOUR

Y 53

Rimaud-Berthier-Fleurus

1 Par la croix du Fils de Dieu,
   signe levé qui rassemble les nations,
Par le corps de Jésus Christ
   dans nos prisons, innocent et torturé,
Sur les terres désolées.
   terres d'exil, sans printemps, sans amandier

R Fais paraître ton Jour et le temps de ta grâce,
  Fais paraître ton Jour : que l'homme soit sauvé !

2 Par la croix du Bien-Aimé,
   fleuve de paix où s'abreuve toute vie,
Par le corps de Jésus Christ,
   hurlant de peur dans la nuit des hôpitaux
Sur le monde que tu fis
   pour qu'il soit beau et nous parle de ton nom...

3 Par la croix du Serviteur,
   porche royal où s'avancent les pécheurs,
Par le corps de Jésus Christ,
   nu, outragé sous le rire des bourreaux,
Sur les foules sans berger
   et sans espoir, qui ne vont qu'à perdre cœur...

4 Par la croix de l'Homme-Dieu,
   arbre béni où s'abritent les oiseaux,
Par le corps de Jésus Christ
   recrucifié dans nos guerres sans pardon,
Sur les peuples de la nuit
   et du brouillard, que la haine a décimés...

LE SEIGNEUR A LIBÉRÉ SON PEUPLE

I 123

Lécot-Décha-Lethielleux

R Le Seigneur a libéré son peuple
  Alléluia ! Alléluia ! Alléluia !

1 Nous sommes devenus des hommes nouveaux,
  Baptisés dans le Christ, Alleluia!
  Nous sommes le peuple que Dieu s'est acquis
  Par le sang de Jésus Christ son Fils bien-aimé.

2 Béni soit notre Dieu, le Père éternel
  Qui nous aime à jamais, Alleluia!
  Avant que le monde existât, par sa main,
  Dans son Fils, Il nous choisit pour vivre avec Lui.

3 D'avance il nous aimait et nous destinait
  Comme fils adoptifs, Alleluia!
  A vivre pour lui d'une gloire sans fin,
  Par le Christ, Notre Seigneur venu nous sauver.

4 Nous sommes héritiers avec Jésus Christ,
  D'un royaume éternel, Alleluia!
  Nous sommes à jamais délivrés avec lui;
  Nous vivons ressuscités aux siècles sans fin.

5 Restons toujours joyeux : le Christ est vivant;
  Il nous donne sa paix : Alleluia!
  Il reste présent parmi nous chaque jour,
  Et tous ceux qui l'ont aimé, vivront près de Lui.

6 Honneur, puissance et gloire au Père très Saint,
  A son Fils, Jésus Christ, Alleluia!
  Louange et puissance à l'Esprit du Seigneur,
  Chaque jour et pour toujours, aux siècles sans fin.

NE CRAIGNEZ PAS

G 139

Scouarnec-Akepsimas-SM

R Ne craignez pas pour votre corps,
  ne craignez pas devant la mort,
  Levez les yeux vers le Seigneur,
  criez vers lui sans perdre cœur.

1. Vous qui ployez sous le fardeau,
   vous qui cherchez le vrai repos,

2. Vous qui tombez sur le chemin,
   le cœur blessé par les chagrins,

3. Vous qui pleurez dans vos prisons,
   vous qui fuyez votre maison,

4. Vous que la haine a déchirés,
   vous que les hommes ont crucifiés.

NOUS AVONS VU

E 120

Scouarnec-Akepsimas-SM

1. Nous avons vu les pas de notre Dieu
Croiser les pas des hommes,
Nous avons vu brûler comme un grand feu
Pour la joie de tous les pauvres.

R. **Reviendra-t-il marcher sur nos chemins,
changer nos cœurs de pierre ?
Reviendra-t-il semer au creux des mains
l'amour et la lumière ?**

2. Nous avons vu fleurir dans nos déserts
Les fleurs de la tendresse,
Nous avons vu briller sur l'univers
L'aube d'une paix nouvelle.

3. Nous avons vu danser les malheureux
Comme au jour de la fête,
Nous avons vu renaître au fond des yeux
L'espérance déjà morte.

4. Nous avons vu le riche s'en aller
Le cœur et les mains vides,
Nous avons vu le pauvre se lever
Le regard plein de lumière.

5. Nous avons vu se rassasier de pain
Les affamés du monde,
Nous avons vu entrer pour le festin
Les mendiants de notre terre.

6. Nous avons vu s'ouvrir les bras de Dieu
Devant le fils prodigue,
Nous avons vu jaillir du cœur de Dieu
La fontaine de la vie.

PEUPLE CHOISI

K 64

Rimaud-Levain

R. **Dieu fait de nous en Jésus Christ des hommes libres,
Tout vient de Lui, tout est pour Lui :
qu'Il nous délivre.**

1. Peuple de Dieu, reçois de Lui ta renaissance,
Comme un Pasteur, il te conduit où tout est grâce.

2 Peuple habité par son Esprit, heureuse Église,
   La voix du Père t'a choisi, maintiens son signe.

3 Peuple choisi pour annoncer une espérance,
   Montre ton Christ : Il t'a chargé de sa présence.

4 Peuple choisi pour témoigner de l'Évangile,
   Laisse sa vie te ranimer aux sources vives.

5 Peuple choisi pour devenir un peuple immense,
   Monte au calvaire où doit mourir ta suffisance.

6 Peuple choisi pour être un feu au cœur du monde,
   Passe au plus bas, fais comme Dieu, n'aie pas de honte.

7 Peuple choisi pour exister dans la prière,
   Prends en tes mains le monde entier et sa misère.

8 Peuple choisi pour l'unité de tous tes frères,
   Ouvre tes bras et reconnais les dons du Père.

9 Peuple choisi pour son festin et pour la Pâque,
   Ne goûte plus qu'au vrai levain de ses Passages.

10 Peuple choisi pour présenter l'unique offrande,
   Dieu t'a fait grâce et t'a aimé, rends-lui sa grâce.

11 Peuple choisi pour être un jour son corps de gloire,
   Fixe tes yeux sur les parcours de son histoire.

12 Peuple pécheur et justifié, ta foi te sauve ;
   Ivre de joie tu peux entrer dans mon Royaume.

   Gloire à Jésus, Maître de tout, Roi de la Terre !
   Gloire au Messie qui fait de nous un peuple prêtre.

QUE TES ŒUVRES SONT BELLES
A 219-1

Rimaud-Berthier-SM

R **Que tes œuvres sont belles, que tes œuvres sont grandes !**
   Seigneur, Seigneur, tu nous combles de joie ! (bis)

1. C'est toi le Dieu qui nous as faits,
   qui nous as pétris de la terre !

R **Tout homme est une histoire sacrée :**
   L'homme est à l'image de Dieu !

2. Ton amour nous a façonnés,
   tirés du ventre de la terre ! R

3. Tu a mis en nous ton esprit :
   Nous tenons debout sur la terre ! R

4. La terre nous donne le pain,
   le vin qui réjouit notre cœur. R

5. Tu fais germer le grain semé,
   au temps voulu, les fruits mûrissent. R

6. Tu rassasies tous les vivants ;
   les hommes travaillent pour vivre. R

QUI DONC EST DIEU ?   L 82

Servel-Rozier-Chalet

1 Qui donc est Dieu pour nous aimer ainsi, fils de la terre ?

R **Qui donc est Dieu pour nous aimer ainsi ?**

2 Qui donc est Dieu, si démuni, si grand, si vulnérable ?

3 Qui donc est Dieu pour se lier d'amour à part égale ?

4 Qui donc est Dieu, s'il faut pour le trouver un cœur de Pauvre ?

5 Qui donc est Dieu, s'il vient à nos côtés, prendre nos routes ?

6 Qui donc est Dieu, qui vient sans perdre cœur, à notre table ?

7 Qui donc est Dieu, que nul ne peut aimer s'il n'aime l'homme ?

8 Qui donc est Dieu, qu'on peut si fort blesser, en blessant l'homme ?

9 Qui donc est Dieu, pour se livrer perdant aux mains de l'homme ?

10 Qui donc est Dieu, qui pleure notre mal comme une mère ?

11 Qui donc est Dieu, qui tire de sa mort, notre naissance ?

12 Qui donc est Dieu, pour nous ouvrir sa joie et son royaume ?

SEIGNEUR, FAIS DE NOUS DES OUVRIERS DE PAIX

D 161

228

Colombier - Fleurus

R **Seigneur, fais de nous des ouvriers de paix,**
    Seigneur, fais de nous des bâtisseurs d'amour.

1. Là où demeure la haine, que nous apportions l'amour.
    Là où se trouve l'offense, que nous mettions le pardon.

2. Là où grandit la discorde, que nous fassions l'unité.
    Là, où séjourne l'erreur, que nous mettions la vérité.

3. Là où persistent les ténèbres, que nous mettions la lumière.
    Là où règne la tristesse, que nous fassions chanter la joie.

4. Là où s'attarde le doute, que nous apportions la foi.
    Sur les chemins du désespoir, que nous portions l'espérance.

5. Donne-nous de consoler, plutôt que d'être consolés.
    Donne-nous de comprendre, plus souvent que d'être compris.

6. Car il faut savoir donner, pour pouvoir être comblés.
    Car il faut s'oublier, pour pouvoir se retrouver.

7. Il faut savoir pardonner, pour obtenir le pardon.
    Il faut apprendre à mourir, pour obtenir l'éternelle vie.

SEIGNEUR JÉSUS, TU ES VIVANT

J 16

Ombrie-SM

R **Seigneur Jésus, Tu es vivant!**
    En Toi la joie éternelle!

1 **Tu es vivant, Seigneur, alléluia!**
    Aujourd'hui comme hier, demain et toujours.
    Alléluia!

2 **Tu es vivant, ô Christ, alléluia,**
    Toujours auprès de Dieu, toujours parmi nous,
    Alléluia!

3 **Béni sois-tu, Seigneur, alléluia,**
    Par nos travaux, nos joies, le poids de nos vies,
    Alléluia!

4   Parole du Seigneur, alléluia,
    En toi, l'Amour de Dieu nous est révélé,
    Alléluia !

5   Nous te voyons déjà, alléluia,
    Tout l'univers devient visage du Christ,
    Alléluia !

6   Nous te verrons un jour, alléluia,
    Tu reviendras chez nous, toujours notre joie,
    Alléluia !

7   Louange à toi, ô Christ, alléluia,
    Louange au Dieu vivant, louange à l'Esprit,
    Alléluia.

UN GRAND CHAMP A MOISSONNER   T 90

Tassin-SM

**Un grand champ à moissonner, une vigne à vendanger,
Dieu appelle maintenant pour sa récolte !
Un grand champ à moissonner, une vigne à vendanger,
Dieu appelle maintenant ses ouvriers !**

1. Vers la terre où tu semas le désir de la lumière,
    Conduis-nous, Seigneur !
    Vers les cœurs où tu plantas l'espérance d'une aurore,
    Nous irons, Seigneur !

2. Vers la terre où tu semas le désir d'un monde juste,
    Conduis-nous, Seigneur !
    Vers les cœurs où tu plantas l'espérance d'une alliance,
    Nous irons, Seigneur !

3. Vers la terre où tu semas le désir de vivre libre,
    Conduis-nous, Seigneur !
    Vers les cœurs où tu plantas l'espérance d'une fête,
    Nous irons, Seigneur !

4. Vers la terre où tu semas le désir de la Rencontre,
    Conduis-nous, Seigneur !
    Vers les cœurs où tu plantas l'espérance d'un visage,
    Nous irons, Seigneur !

VICTOIRE

Julien-Fleurus

230 R **Victoire ! Tu règneras !**
O croix, tu nous sauveras !

1. Rayonne sur le monde qui cherche la vérité,
   ô croix, source féconde d'amour et de liberté.

2. Redonne la vaillance au pauvre et au malheureux ;
   c'est toi, notre espérance, qui nous mèneras vers Dieu.

3. Rassemble tous nos frères à l'ombre de tes grands bras.
   Par toi, Dieu notre Père au ciel nous accueillera.

LA BONNE NOUVELLE

Lécot-Décha-Lourdes

R **La Bonne Nouvelle est annoncée aux pauvres !**
Le Seigneur sauve son peuple. Alléluia.

4. Voici venir le Règne de Dieu,
   Ne craignez plus, soyez dans la joie ;
   Amis, plus de tristesse en vos cœurs, aujourd'hui.

5. Proclamez-le dans tout l'univers,
   Dieu est fidèle dans son amour :
   Pour nous, il fait merveille et nous donne sa joie.

6. Et maintenant soyons les témoins,
   De Jésus Christ, amour infini.
   En Lui nous revivons le mystère pascal.

7. Si nous souffrons avec Jésus Christ
   Nous régnerons avec Jésus Christ :
   Il est notre salut, notre espoir, notre vie.

C'EST TOI, SEIGNEUR, LE PAIN ROMPU

Hymne eucharistique-Lécot-Lourdes

R C'est toi, Seigneur, le pain rompu, livré pour notre vie.
C'est toi, Seigneur, notre unité, Jésus ressuscité.

4 « Je suis le pain qui donne vie : qui croit en moi vivra ;
et je le ressusciterai, au jour de mon retour. »   (Jn 6)

6 Nous partageons un même pain, dans une même foi,
et nous formons un même corps : l'Église de Jésus. (1 Cor 12)

7 C'est maintenant le temps de Dieu :
il faut nous préparer.
C'est maintenant le temps de Dieu :
il faut changer nos cœurs.   (Mc 1)

8 « Avant d'aller vers mon autel,
regarde ton prochain :
pardonne et réconcilie-toi,
puis viens dans ma maison. »   (Mt 5)

10 « L'Esprit de Dieu m'a envoyé
pour annoncer la joie,
pour libérer les prisonniers,
pour apporter la paix ».   (Is 61)

DIEU EST AMOUR

D 116

Ombrie-SM

R Dieu est Amour, Dieu est Lumière, Dieu notre Père.

1 En toi, Seigneur, point de ténèbres.
Ton Esprit est vérité.

3 Si nous marchons dans la lumière,
Nous tenons la main de Dieu.

5 Nous nous aimons les uns les autres,
Le Premier, Dieu nous aima.

6 Nous contemplons Dieu invisible,
Dans l'amour qui nous unit.

7 Nous connaissons Dieu notre Père
En vivant dans son Amour.

10 Notre travail construit la terre,
Le Seigneur est avec nous.

12 Nous contemplons en ton visage,
Ton Amour, Seigneur Jésus.

13 En toi, Seigneur, la joie parfaite,
Nul ne peut nous la ravir.

14 Sur nous la mort n'a plus d'empire :
Nous vivons en ton Amour.

15 O Père saint, par ta Parole,
Tu nous as ressuscités.

17 Nous attendons dans l'espérance,
Ton retour, Seigneur Jésus.

EN MÉMOIRE DU SEIGNEUR

D 304

Rimaud-Gelineau-SM

R Pour un monde nouveau, pour un monde d'amour,
et que viennent des jours de justice et de paix.

1. En mémoire du Seigneur qui nous a rompu le pain,
en mémoire du Seigneur, nous serons le pain rompu.

2. En mémoire du Seigneur qui nous a donné son sang,
en mémoire du seigneur, nous serons le sang versé.

3. En mémoire du Seigneur qui a fait de nous son corps,
en mémoire du Seigneur, nous serons son corps livré.

4. En mémoire du Seigneur, tout le pain soit partagé !
en mémoire du Seigneur, tous les pauvres soient comblés !

JE SUIS LE PAIN

Toolan-Lécot-G.I.A. Chicago

Je suis le pain de vie
qui vient à moi n'aura plus faim,
qui vient à moi n'aura plus soif.
Tous ceux que m'envoie le Père,
je les accueillerai.

R **Béni sois-tu, Dieu vivant!**
   Béni sois-tu pour ton corps!
   Béni sois-tu pour la coupe de l'alliance.

233

LA NUIT QU'IL FUT LIVRÉ

C 3

Dorlay-Chalet

1   La nuit qu'il fut livré, le Seigneur prit du pain;
    En signe de sa mort, le rompit de sa main :
    « Ma vie, nul ne la prend, mais c'est moi qui la donne
    « Afin de racheter tous mes frères humains. »

2   Après qu'il eut soupé pour la dernière fois,
    S'offrit comme victime au pressoir de la Croix :
    « Mon sang, versé pour vous, est le sang de l'Alliance;
    « Amis, faites ceci en mémoire de moi. »

3   Et nous, peuple de Dieu, nous en sommes témoins :
    Ta mort, nous l'annonçons par ce pain et ce vin.
    Jésus ressuscité, ton Église t'acclame,
    Vainqueur, passé du monde à la gloire sans fin!

4   Tu viens revivre en nous ton mystère pascal :
    Éteins en notre chair le foyer de tout mal.
    Nous sommes tes sarments, sainte Vigne du Père :
    Fais-nous porter du fruit pour le jour triomphal.

5   Seigneur, nous attendons ton retour glorieux :
    Un jour tu nous prendras avec toi dans les cieux.
    Ton Corps est la semence de vie éternelle :
    Un jour tu nous prendras à la Table de Dieu.

LE PAIN QUE TU NOUS DONNES

D 83

ServeJ-Jef-Chalet

R **L'esprit que tu nous donnes brûle nos cœurs d'amour;**
   Membres inséparables, en toi nous formons un seul Corps.

1. Le Pain que tu nous donnes rend toute gloire à Dieu
    Corps livré pour les hommes et Sang répandu sur la croix.
    Le Pain que tu nous donnes rend toute gloire à Dieu.

2. La table que tu dresses est le festin royal,
    C'est l'Alliance nouvelle scellée dans ton sang sur la croix.

3. Ton corps est la semence de l'immortalité,
   Germe obscur de la gloire dont nous brillerons près de toi.

4. Ton sang est le remède qui nous guérit du mal :
   Quand toi-même nous gardes, que peuvent l'enfer et la mort ?

5. L'esprit que tu nous donnes brûle nos cœurs d'amour ;
   Membres inséparables, en toi nous formons un seul corps.

6. La paix de ta rencontre contient tous les pardons ;
   Toi qui vis près du Père, tu plaides pour nous par ta croix.

7. Ta sève inépuisable nous fait porter du fruit,
   Sainte Vigne du Père en qui les rameaux sont vivants.

8. Chemine sur la route auprès de tes amis :
   Que nos yeux te connaissent, quand tu nous partages ton
   Pain !

9. L'Église, en ce mystère, annonce ton retour :
   Nous verrons dans la gloire la face du Père à jamais.

MERVEILLE ! DIEU NOUS AIME

Lécot-Lourdes

1. **Nous sommes nés du Père,**
   et nous sommes les fils de Dieu. (1 Jn 3)

R **Merveille ! Dieu nous aime !**
  Son amour n'aura pas de fin.

2. **En lui, nous sommes frères,**
   appelés au Salut de Dieu. (1 Jn 3, 2)

3. **Aimons-nous tous, mes frères :**
   notre Dieu nous a tant aimés ! (1 Jn 4, 11)

4. **Il a aimé le monde**
   jusqu'à lui envoyer son Fils. (Jn 3, 16)

5. **Il a aimé l'Église,**
   il la sauve et la sanctifie. (Ep 5, 25)

6. **Il fait de nous son Peuple,**
   baptisé dans un même Esprit. (1 Cor 12, 13)

LE VERBE S'EST FAIT CHAIR

Lécot-Décha-Lethielleux

D 155

235

R **Le Verbe s'est fait chair
et il a demeuré parmi nous.**

1 Il est venu pour annoncer aux pauvres la Bonne Nouvelle,
Et pour guérir le cœur de ceux qui souffrent.

2 Il est venu pour amener à Dieu les pécheurs et les justes,
Et nous combler de joie par sa présence.

3 Il est venu pour enseigner aux hommes l'amour de leurs frères,
Pour apporter la paix dans notre monde.

4 Il est venu pour nous conduire aux sources d'une eau jaillissante,
Et nous donner son Corps en nourriture.

5 Il est venu pour apaiser les âmes et donner l'espérance,
Pour nous remplir de force et de confiance.

6 Honneur et gloire à notre Père, au Christ Rédempteur, notre frère,
Au Saint-Esprit, qui règnent pour les siècles.

NOUS FORMONS UN MÊME CORPS

Lécot

C 105

R **Nous formons un même corps
nous qui avons part au même Pain,
Et Jésus Christ est la Tête de ce corps
L'Église du Seigneur.**

1 Je suis le Pain vivant descendu du ciel.
Qui mange de ce Pain vivra pour toujours.
Et le Pain que Je vous donne,
c'est ma chair, livrée pour la vie du monde..

2 La nuit où il fut livré, le Seigneur prit du pain.
Il rendit grâce et le rompit en disant :
« Ceci est mon Corps livré pour vous.
Faites ceci en mémoire de Moi. »

3 A la fin du repas, Jésus prit la coupe en disant :
« Voici la coupe de la nouvelle Alliance.
Faites ceci en mémoire de Moi.
Ainsi, vous annoncez la mort du Seigneur jusqu'à son
[retour.

O SEIGNEUR, COMMENT RECONNAITRE ?

C 9

Chrestien-Jef-Chalet

R **O Seigneur, comment reconnaître les bienfaits dont tu m'as comblé ?
Chaque jour je célébrerai tes grandeurs. Alléluia !**

1. Quand mon âme jusqu'à toi
   Clame sa misère,
   Tu m'écoutes comme un père
   Et tu viens à moi.

2. Si l'angoisse de la mort
   Envahit mon âme,
   Dans ma nuit je te réclame :
   Tu me rends plus fort.

3. Ta justice et ton amour
   Ont pitié des pauvres ;
   J'étais faible et tu me sauves
   Garde-moi toujours.

4. Nul péril auprès de toi,
   Nulle vaine alarme,
   Près de toi jamais de larmes :
   Tu conduis mes pas.

5. Que te rendre pour tes biens,
   Dieu qui m'as fait grâce ?
   J'offrirai devant ta Face
   L'œuvre de tes mains.

6. Oui, je bénirai ton Nom
   Digne de louange ;
   J'irai vivre en ta présence
   Jusqu'en ta Maison.

PAIN ROMPU
POUR UN MONDE NOUVEAU

D 284

Scouarnec-Akepsimas-SM

237

Pain rompu pour un monde nouveau,
Gloire à toi, Jésus Christ ;
pain de Dieu, viens ouvrir nos tombeaux,
fais-nous vivre de l'Esprit !

1. Tu as donné ton corps
   pour la vie du monde.
   Tu as offert ta mort
   pour la paix du monde.

2. Tu as rompu le pain
   qui restaure l'homme.
   A tous ceux qui ont faim
   s'ouvre ton royaume.

3. Ton corps est un levain
   de vie éternelle.
   Tu sèmes dans nos mains
   ta Bonne Nouvelle.

4. Quand retentit pour toi
   l'heure du passage.
   Tu donnes sur la croix
   ta vie en partage.

5. Tu changes l'eau en vin
   pour la multitude.
   Tu viens briser les liens
   de nos servitudes.

6. Les pauvres sont comblés
   de l'amour du Père.
   Son règne peut germer
   dans nos cœurs de pierre.

Pour l'anamnèse :

7. Ton corps brisé unit
   le ciel à la terre.
   Dieu nous promet la vie
   en ce grand mystère.

8. Nous proclamons ta mort
   pour que vive l'homme.
   Seigneur ressuscité,
   vienne ton Royaume !

PAIN DES MERVEILLES

D 203

Scouarnec-Akepsimas-SM

R **Voici le pain, voici le vin pour le repas et pour la route.**
Voici ton corps, voici ton sang.
Entre nos mains voici ta vie qui renaît de nos cendres.

1. Pain des merveilles de notre Dieu.
   Pain du Royaume, table de Dieu.

2. Vin pour les noces de l'Homme-Dieu,
   Vin de la fête, Pâque de Dieu.

3. Force plus forte que notre mort,
   Vie éternelle en notre corps.

4. Source d'eau vive pour notre soif,
   Pain qui ravive tous nos espoirs.

238 5. Porte qui s'ouvre sur nos prisons,
   Mains qui se tendent pour le pardon.

PAIN VÉRITABLE

D 103

Beausoleil

1 Pain véritable, Corps et Sang de Jésus Christ,
   Don sans réserve de l'amour du Seigneur,
   Corps véritable de Jésus Sauveur.

R Pain de vie Corps ressuscité,
   Source vive de l'Éternité.

2 La sainte Cène est ici commémorée,
   Le même pain, le même corps sont livrés,
   La sainte Cène nous est partagée.

3 Pâque nouvelle, désirée d'un grand désir,
   Terre promise du salut par la croix,
   Pâque éternelle, éternelle joie.

4 La faim des hommes dans le Christ est apaisée,
   Le pain qu'il donne est l'univers consacré,
   La faim des hommes pleinement comblée.

6 Pain de la route, dont le monde garde faim,
   Dans la douleur et dans l'effort chaque jour,
   Pain de la route sois notre secours.

PEUPLES, CRIEZ DE JOIE

M 27

Rimaud-Néander-CMS

1 Peuples, criez de joie et bondissez d'allégresse :
   Le Père envoie le Fils manifester sa tendresse;
   Ouvrons les yeux : il est l'image de Dieu
   Pour que chacun le connaisse.

2 Loué soit notre Dieu, source et parole fécondes :
   Ses mains ont tout créé pour que nos cœurs lui répondent;
   Par Jésus Christ, il donne l'être et la vie :
   En nous sa vie surabonde.

3 Loué soit notre Dieu, qui ensemence la terre
   D'un peuple où son Esprit est plus puissant que la guerre;
   En Jésus Christ la vigne porte du fruit
   Quand tous les hommes sont frères.

4 Loué soit notre Dieu dont la splendeur se révèle
   Quand nous buvons le vin pour une terre nouvelle ;
   Par Jésus Christ le monde passe aujourd'hui
   Vers une gloire éternelle.

5 Peuples, battez des mains et proclamez votre fête :
   Le Père accueille en lui ceux que son Verbe rachète ;
   Dans l'Esprit Saint, par qui vous n'êtes plus qu'un,
   Que votre joie soit parfaite.

PEUPLE DE DIEU, MARCHE JOYEUX   K 180

Rimaud-Villeneuve-Fleurus

R **Peuple de Dieu, marche joyeux, Alléluia, Alléluia.
   Peuple de Dieu, marche joyeux, car le Seigneur est avec toi.**

1. *Election, création*
   Dieu t'a choisi parmi les peuples :
   Pas un qu'il ait ainsi traité.
   En redisant partout son œuvre,
   Sois le témoin de sa bonté.

2. *Parole*
   Dieu t'a formé dans sa Parole
   Et t'a fait part de son dessein :
   Annonce-le à tous les hommes
   Pour qu'en son peuple ils ne soient qu'un.

3. *Alliance nouvelle*
   Tu es le peuple de l'Alliance,
   Marqué du sceau de Jésus-Christ :
   Mets en lui seul ton espérance
   Pour que ce monde vienne à lui.

4. *Exode*
   Dieu t'a tiré de l'esclavage,
   Il t'a rendu la liberté.
   En souvenir de ton passage,
   Brise les liens des opprimés.

5. *Salut*
   Dieu t'a lavé de toute offense,
   En te marquant du sang sauveur.
   Il s'est chargé de tes souffrances :
   Souffre avec lui pour les pécheurs.

6. *Baptême*
   Tu as passé par le baptême :
   Tu es le corps du Bien-Aimé.
   Compte sur Dieu, ton Dieu lui-même
   A fait de toi son envoyé.

7. *Désert*
   Dieu t'a nourri avec largesse
   Quand tu errais aux lieux déserts :
   vois ton prochain dans la détresse,
   Secours en lui ta propre chair.

8. *Nourriture*
   Dieu a dressé pour toi la table,
   Vers l'abondance il t'a conduit :
   A toi de faire le partage
   Du pain des hommes aujourd'hui !

9. *Eucharistie*
   Pour transformer le cœur du monde,
   Le corps du Christ est pain rompu.
   L'amour demande ta réponse :
   Deviens ce que tu as reçu.

10. *Reconnaissance*
    Peuple appelé à reconnaître
    Tous les bienfaits du Créateur,
    Pour signaler son Jour à naître,
    Reste à ton poste de veilleur.

QUI DONC A MIS LA TABLE ?   C 121

Duchesneau-Fleurus

1. Qui donc a mis la table, où nous attend le pain ?
   Qui donc a mis la coupe où nous boirons le vin ?
   Quel est Celui qui nous a conviés ?
   Quel est Celui qui peut nous combler ?
   Allons vers le festin : Il nous dira son nom !
   Allons vers le festin qu'Il donne en sa maison !

2. C'est Toi Jésus qui nous conduis vers ce repas
   Et rien ne peut manquer à qui suivra tes pas
   Pour nous ta vie prend le goût du Pain
   Pour nous ta vie coule comme un Vin
   Tu viens nous inviter : tu nous l'avais promis ;
   Ta joie revient brûler le cœur de tes amis !

3. Seigneur, prends-nous pour Dieu à qui tu t'es offert.
   Dis-lui ton chant d'amour au nom de l'univers
   Voilà nos cœurs, portes-les vers lui
   Voilà nos vies : reçois-les pour lui.
   Pour toi, nous chanterons celui qui nous bénit
   Par toi dans ce repas, nous lui serons unis !

4. Dieu saint, Dieu juste, Dieu vivant, nous te chantons
   Dieu saint, Dieu libre, Dieu d'amour, nous te louons !
   Tu tiens la vie du monde en tes mains
   Tu prends ce jour pour créer demain
   Dieu saint, nous accueillons celui que tu envoies
   Jésus tu viens à nous, et Dieu nous vient par toi !

5. Seigneur Jésus, depuis le jour de ton départ
   A ton repas nous ne cessons de prendre part.
   Ta mort venue, rien n'est comme avant
   Tu es pour nous le premier vivant
   Déjà ce pain de vie nous comble dans la Foi
   Mais viens, nous t'attendons, le monde a faim de toi :

6. Seigneur, pour nous sauver, tu meurs sur une croix.
   Ta mort nous rend la vie : l'Agneau Pascal c'est Toi !
   Voici ton corps transpercé pour nous
   Voici ton sang, répandu pour nous !
   Le prix de ta Passion est là devant nos yeux
   Le prix de ton Amour, nous vaut la Paix de Dieu !

TU ES LE DIEU FIDÈLE

D 163

Vercruysse - SM

1 Seigneur, tu nous partages ton Corps et ton Sang,
  Seigneur, tu nous partages ton Corps et ton Sang,
  Et nous allons, tout joyeux vers toi, en chantant :

R Tu es le Dieu fidèle, éternellement.

2 Par cette Eucharistie, ô Dieu de bonté,
  Par cette Eucharistie, ô Dieu de bonté,
  Tu fais de nous des frères qui s'aiment dans la paix.

3 L'amour que tu nous donnes nous a libérés,
  L'amour que tu nous donnes nous a libérés,
  Et nous marchons vers la sainteté de ton nom.

4 Tu as tracé la route qui nous mène à toi,
  Tu as tracé la route qui nous mène à toi,
  Et nous allons invitant le monde à ta joie.

ALLEZ BOIRE A LA FONTAINE

I 215

Lécot

R **Allez boire à la fontaine et vous y laver!**
  Avec joie puisez de l'eau vive, à la source du salut! (Isaïe 12)

1 « Je répands sur vous une eau pure,
   et de toutes vos souillures, vos idoles,
   vous serez purifiés », dit le Seigneur. (Ez. 36, 25)

2 « Je vous mènerai sur ma route,
   vous guidant vers la fontaine intarissable :
   vous boirez à la source de la vie. » (Is. 58, 11)

3 « Si quelqu'un a soif, qu'il s'approche,
   et qu'il boive de cette eau que je lui donne,
   à la source de Vie », dit le Seigneur (Jn 7, 37)

4 Ce n'est pas selon nos mérites
   mais selon son grand amour que Dieu nous sauve,
   par le bain qui nous fait renaître en Lui. (Jn 3, 15)

5 « Nul ne peut entrer au Royaume
   sans renaître de l'Esprit et de l'eau vive,
   et tout homme qui croit sera sauvé » (Jn 3, 5)

AVE MARIA DE LOURDES

V 125

Chanoine Le Bas- Œuvre de la Grotte

R **Ave, ave, ave Maria!**
  Ave, ave, ave Maria!

1 O Vierge Marie,
   Le peuple chrétien
   A Lourdes vous prie,
   Chez vous il revient.

2 Le fond de la roche
   S'éclaire à l'instant :
   La Dame s'approche,
   Fait signe à l'enfant.

3 « Venez, je vous prie,
   Ici, quinze fois,
   Avec vos amies
   Entendre ma voix. »

4 Avec insistance
La Dame, trois fois,
A dit : « Pénitence. »
Chrétien, c'est pour toi !

5 A cette fontaine
Venez et buvez ;
Dans l'eau pure et sainte
Allez vous laver.

6 « Je veux qu'ici même,
Au pied de ces monts,
Le peuple que j'aime
Vienne en procession. »

7 « Et qu'une chapelle
Bâtie en ce lieu
Aux hommes rappelle
Qu'il faut prier Dieu. »

8 « Marie est venue
Chez nous, dix-huit fois ;
L'enfant qui l'a vue
Est digne de foi. »

9 La grotte où l'on prie,
Dispense la paix ;
C'est là que Marie
Répand ses bienfaits.

10 On voit la fontaine
Couler sans tarir
Et la foule humaine
Passer sans finir.

11 Aux grâces nouvelles
Sachons obéir
Car Dieu nous appelle
A nous convertir.

12 Le Dieu qui pardonne
Absout le pécheur ;
La grâce rayonne
Au nom du Sauveur.

13 A l'heure dernière,
Pour nous, les pécheurs,
Veuillez, Sainte Mère,
Prier le Sauveur.

BÉNI SOIS-TU, SEIGNEUR

V 24

Rozier-Seuil

R Béni sois-tu, Seigneur, en l'honneur de la Vierge Marie,
Béni sois-tu, Seigneur.

1 Vous êtes belle, ô Notre Dame,
Auprès du Père en Paradis,
Comblée de biens par le Seigneur,
Dont l'amour chante en votre vie.

2 O Vierge, Mère du Sauveur,
Depuis toujours Dieu vous aimait,
Pensant à vous pour être là
Quand parmi nous son Fils viendrait.

3 Le Seigneur vint, un jour du temps,
Pour partager notre labeur,
Vous étiez là pour le donner
A sa mission de Rédempteur.

4 Dans son Royaume de lumière
Où Dieu vous place auprès de lui,
Vous êtes Reine et vous brillez
Comme l'aurore après la nuit.

5 Et désormais, dans tous les temps,
   Pauvres et grands de l'univers
   Vous béniront d'être la femme
   En qui le Verbe s'est fait chair.

CHEZ NOUS, SOYEZ REINE

V 57

Benoit-Combre-Huet

R **Chez nous, soyez Reine,**
   Nous sommes à vous;
   Régnez en souveraine,
   Chez nous, chez nous.
   Soyez la Madone
   Qu'on prie à genoux,
   Qui sourit et pardonne,
   Chez nous, chez nous.

1 Vous êtes toute belle,
   O Reine des élus,
   Puissante et maternelle
   Au ciel près de Jésus.

2 Vous êtes toute aimable,
   Refuge des pécheurs,
   Soyez-nous secourable,
   O Mère du Sauveur!

3 Vous êtes toute pure,
   Étoile du matin,
   Vous êtes la parure
   Du cœur de tous les saints.

4 Vous êtes notre mère,
   O Mère de Jésus;
   Nos vœux et nos prières
   Par vous seront reçus.

DONNE-NOUS TON FILS

V 116

Debaisieux-SM

R **Vierge bénie entre toutes les femmes**
   Mère choisie entre toutes les mères
   Mère du Christ et mère des hommes.

   Donne-nous ton Fils.
   Donne-nous ton Fils.

1 Entre toutes les femmes du monde
   Le Seigneur t'a choisie
   Pour que brille à jamais sur la terre
   La lumière de Dieu.

2 Comme coule la source limpide
   La tendresse de Dieu
   Envahit chaque instant de ta vie
   Et nous donne un Sauveur.

3 En ton cœur, ô Marie, nul obstacle
   A l'Amour infini
   Le Seigneur fait en toi des merveilles
   Il nous donne son Fils.

4   L'Univers tout entier te contemple
    Il acclame ton Fils
    Grâce à toi, au milieu de son Peuple
    Le Seigneur est présent.

5   Tu chemines avec nous sur la route
    Tu connais notre espoir
    Au milieu de nos croix et nos larmes
    Tu nous montres ton Fils.

GLOIRE A TOI, MARIE

V 21

Langlais-Arragon-Geoffroy-Seuil

R   **Pleine de grâce, nous te louons !**

1. Gloire à toi, Marie, fille d'Israël,
    Fleur épanouie dans la joie du ciel,
    Ta splendeur couronne l'œuvre du Seigneur
    Et Jésus te donne part à son bonheur.

2. Source qui fais vivre, rêve du pécheur,
    Aube qui délivres, chasse nos frayeurs.
    Quand le mal nous tente change nos regards :
    L'infini nous hante aide nos départs !

3. Reine des Apôtres, guide nos efforts ;
    Pour servir les autres rends nos cœurs plus forts.
    A ta paix sereine, mère de l'amour,
    Il n'est pas de haine qui ne cède un jour.

GLOIRE A TOI, MARIE

V 157

Lécot-Décha-Lethielleux

R   **Gloire à toi, Marie, Mère du Sauveur !**
    Gloire à toi, Marie, Mère de l'Église !

1   Bénie sois-tu, Marie, Servante du Seigneur,
    Tu as cru ce que l'Ange t'annonçait.
    En Toi s'est accompli un fait merveilleux :
    Ton Dieu devient ton Fils !

2   Bénie sois-tu, Marie, modèle de la foi,
    Au milieu de nos doutes, de nos peurs.
    Le monde en désarroi aspire au salut :
    Tu lui redonnes espoir.

3   Bénie sois-tu, Marie, étoile en notre nuit,
    Sainte Mère du Dieu de tout amour.
    Tu as porté en toi le Verbe fait chair :
    Celui qui t'a créée.

ITINÉRAIRE MARIAL

Julien-Fleurus

1   Sainte Marie, Sainte mère de Dieu
    Nous venons vers toi
    Sainte Vierge des vierges, Mère du Christ
    Nous venons vers toi
    Mère de la grâce divine, Mère du Créateur
    Nous venons vers toi
    Mère sans souillure, Mère du Rédempteur
    Nous venons vers toi.
    Sainte Marie, Mère du Sauveur.

R   **Gloire à toi, ô Notre Dame**
    Reine et Mère des cités,
    De partout tes fils t'acclament,
    Conduis-nous vers ta clarté.

2   Mère toujours vierge, pure et sans péché
    Mère tout aimable, riche de bonté
    Mère tout aimable, Mère du bon conseil
    Mère d'espérance qui sais consoler...

3   Vierge très prudente qu'on doit vénérer
    Vierge très puissante qu'on doit honorer
    Vierge très clémente qu'on doit invoquer
    Vierge très fidèle qu'on doit imiter...

4   Miroir de justice, cause de notre joie
    Siège de sagesse, gage de notre foi
    Demeure de l'Esprit, tabernacle sacré
    Rose mystique, temple du Seigneur...

5   Maison précieuse, Tour de David
    Arche d'Alliance, porte du ciel
    Étoile du matin, espoir du pèlerin
    Guide du voyageur, secours du naufragé...

6   Salut des infirmes, refuge des pécheurs
    Baume des cœurs meurtris, secours des chrétiens
    Richesse des malheureux, lumière dans la nuit
    Source de toute grâce, fleur de pureté...

7   Reine de la terre, reine du paradis
      Reine des patriarches, des anges, des martyrs
      Reine des prophètes, des vierges, des confesseurs
      Reine des apôtres, reine de tous les saints...

8   Reine conçue sans péché, reine élevée aux cieux
      Reine du Saint Rosaire, reine de la paix
      Reine de l'espace, reine du temps
      Reine de l'Église, reine de l'Univers...

JE VIS LA CITÉ SAINTE

K 133

Lecot-Lesbordes-Lethielleux

R   **Je vis la cité sainte, la Jérusalem nouvelle**
    Qui descendait du ciel, d'auprès de Dieu,
    Toute prête comme une fiancée parée pour son époux.

1.   La demeure du Seigneur est avec nous :
    Notre Dieu vient habiter parmi les hommes.

2.   Nous serons le peuple aimé de notre Dieu ;
    Il sera l'Emmanuel, « Dieu-avec-nous ».

3.   Plus de larmes, ni de peines, ni de mort :
    « L'ancien monde est aboli », dit le Seigneur.

    Gloire au Père, à Jésus-Christ, au Saint-Esprit
    Pour toujours, dès maintenant et dans les siècles.

LE SEIGNEUR M'A COMBLÉE

V 146

Lécot-Lesbordes-Lethielleux

R   **Le Seigneur m'a comblée de joie, alléluia,**
    Il m'a revêtue de sainteté, alléluia.

1   Mon esprit glorifie le Tout-Puissant,
    Et mon âme tressaille d'allégresse.

2   Plein d'amour pour les pauvres en esprit,
    Le Seigneur s'est penché sur sa servante.

3   Désormais tous les peuples me loueront :
    J'ai donné le Sauveur à notre monde.

4   Le Seigneur m'a choisie depuis toujours :
    Que son Nom soit béni dans tous les siècles.

5 Son amour va de même chaque jour,
   A tous ceux qui écoutent sa Parole.

6 Déployant la puissance de son bras,
   Il rejette tout homme au cœur superbe.

7 Il renverse le fort et l'orgueilleux,
   Mais il aide le faible qui l'implore.

8 Plus de soif, plus de faim pour ses amis,
   Il les comble toujours avec largesse.

9 Il protège son peuple bien-aimé,
   D'âge en âge, il lui montre sa tendresse.

10 Gloire au Père, à son Fils, au Saint-Esprit,
    En tous lieux, en tous temps, et pour les siècles.

RÉJOUIS-TOI, MARIE

V 144

Plaisantin-SM

R **Réjouis-toi, Marie, tout aimée de Dieu,**
  Réjouis-toi, Mère de Dieu.

1 **Marie, le Seigneur est toujours avec toi.**

2 **Mère, femme comblée entre toutes les femmes.**

3 **Marie, ton Enfant est le Fils bien-aimé.**

4 **Mère, Dieu t'a choisie, porte-lui nos prières.**

5 **Marie, par Jésus obtiens-nous le pardon.**

6 **Mère, guide nos pas vers le Dieu de lumière.**

O MÈRE DU SEIGNEUR

J.-F. Frié-Narbaitz-Lourdes-Cerf

R **O Mère du Seigneur, le Peuple né de ton cœur**
  avance en foule vers toi, aux sources de sa foi !

1. Très pure, garde-nous ! Le mal nous blesse tous !
   Éclaire le chemin, Étoile du matin !

2. Très humble, change-nous ! L'espoir nous tient debout,
   mais pour le grand pardon incline notre front !

3. Très douce, guéris-nous ! Donne à chacun le goût
de vivre et d'être fort en son âme et son corps !

4. Très sage, guide-nous ! A toute heure et partout,
implore pour tes fils les dons du Saint-Esprit !

5. Très sainte, écoute-nous ! Dieu seul, Dieu tout en tous,
suffit à notre joie : que l'homme un jour le voie !

TOI NOTRE DAME

V 153

Rozier-Wackenheim-SM

R **Toi, notre Dame, nous te chantons !**
   Toi, notre Mère, nous te prions !

1 Toi qui portes la vie,
   Toi qui portes la joie.
   Toi que touche l'Esprit,
   Toi que touche la Croix.

2 Toi le cœur sur la main,
   Toi la joie pour les yeux.
   Toi le miel et le vin,
   O sourire de Dieu.

3 Toi qui donnes l'espoir,
   Toi qui gardes la foi.
   Toi qui passes la mort,
   Toi debout dans la joie...

TU ES LA GLOIRE DE JÉRUSALEM

Lourdes

R **Tu es la gloire de Jérusalem !**
   Tu es la joie d'Israël,
   Tu es l'honneur de notre peuple.

1 Bénie sois-tu, ô Marie, par le Seigneur,
   Plus que toutes les femmes de la terre.

2 Béni soit Dieu, Créateur de l'univers,
   Qui te donne la force et la confiance.

3 Dans notre esprit, se maintient ton souvenir :
   Tous les hommes proclament ta louange.

4 En te louant, ils loueront d'un même cœur,
   La tendresse de Dieu pour notre terre.

5 Bénie sois-tu, ô Marie, par le Très-Haut,
   Dans la suite des temps et pour les siècles.

VIERGE DE LUMIÈRE

Antzenberger-Darros-Lécot

250

R Vierge de lumière,
tu es le sourire
d'un Dieu qui nous aime,
ô Notre Dame!

1 Vierge de lumière,
toute remplie de grâce,
Dieu vers toi se penche :
Il t'a choisie avec amour.

2 Vierge de lumière,
Vierge conçue sans tache,
Vierge sans pareille,
Vierge Marie, réjouis-toi!

3 Vierge de lumière,
tu as donné aux hommes,
le Sauveur du monde :
Il a pris chair en notre chair.

4 Vierge de lumière,
mère de tous les peuples,
Mère de l'Église,
Temple de Dieu, réjouis-toi!

5 Vierge de lumière,
change nos cœurs de pierre,
Mère de la Grâce,
force et refuge des pécheurs.

6 Vierge de lumière,
tu es la source vive,
où nous venons boire
l'eau jaillissante de la Vie.

VIERGE SAINTE

V 136

Lécot-Décha-Lethielleux

Marie dans le plan divin.

1 Vierge Sainte, Dieu t'a choisie, depuis toute éternité,
Pour nous donner son Fils bien-aimé,
Pleine de grâce, nous t'acclamons.

R Ave, Ave, Ave Maria.

2 Par ta foi et par ton amour, ô Servante du Seigneur,
Tu participes à l'œuvre de Dieu,
Pleine de grâce, nous te louons.

3 En donnant aux hommes ton Fils, Mère riche de bonté,
Tu fais la joie de ton Créateur,
Pleine de grâce, nous t'acclamons.

Marie Mère des hommes.

4 O Marie, Refuge très sûr, pour les hommes, tes enfants,
Tu nous comprends et veilles sur nous,
Pleine de grâce, nous te louons.

5　Tu demeures près de nos vies, nos misères et nos espoirs,
　　Pour que la joie remplisse nos cœurs,
　　Pleine de grâce, nous t'acclamons.

6　O Marie, Modèle éclatant, pour le monde d'aujourd'hui,
　　Tu nous apprends ce qu'est la beauté,
　　Pleine de grâce, nous t'admirons.

7　Tu nous mènes auprès de ton Fils qui nous parle de l'amour
　　Et nous apprend ce qu'est le pardon,
　　Pleine de grâce, nous t'écoutons.

14　Exultez, soyez dans la joie,
　　Dieu attend tous ses amis; dans son Royaume,
　　Il les comblera auprès de toi pour l'éternité.

chants latins

BENEDICTUS QUI VENIT (et Psaume 116)

Benedictus qui venit in nomine Domini,
Benedictus qui venit in nomine Domini,
Hosanna, Hosanna, Hosanna in excelsis.

LAUDA JERUSALEM (Psaume 147)

Lauda Jerusalem Dominum, lauda Deum tuum Sion.
Hosanna, Hosanna, Hosanna Filio David.

LAUDA SION

Lauda, Sion, Salvatorem, Lauda ducem et pastorem,
In hymnis et canticis.

Salut, vrai Corps de Jésus Christ,
Né de Marie pour nous sauver.
Salut, ô Verbe de Dieu!

MAGNIFICAT (Luc 1, 46-55)

1   Magnificat, anima mea Dominum.

2   Et exsultavit spiritus meus, in Deo salutari meo.

3   Quia respexit humilitatem ancillae suae
Ecce enim ex hoc beatam me dicent omnes generationes.

4   Quia fecit mihi magna qui potens est
Et sanctum nomen ejus.

5   Et misericordia ejus a progenie in progenies
Timentibus eum.

6   Fecit potentiam in brachio suo
Dispersit superbos mente cordis sui.

7   Deposuit potentes de sede, et exaltavit humiles.

8   Esurientes implevit bonis, et divites dimisit inanes.

9   Suscepit Israel puerum suum
Recordatus misericordiae suae.

10   Sicut locutus est ad patres nostros
Abraham et semini ejus in saecula.

(Voir texte français page 106)

TANTUM ERGO

1. Tantum ergo Sacramentum
Veneremur cernui :
Et antiquum documentum
Novo cedat ritui :
Praestet fides supplementum
Sensuum defectui.

2. Genitori, Genitoque
Laus et jubilatio :
Salus, honor, virtus quoque
Sit et benedictio :
Procedenti ab utroque
Compar sit laudatio. Amen.

VENI CREATOR

Veni Creator Spiritus,
Mentes tuorum visita,
Imple superna gratia
Quae tu creasti pectora.

table des textes bibliques

Ancien Testament

253

Deut. 6, 4-9. Aimer Dieu par-dessus tout .... p. 77
Judith 13, 18-20. Bénie entre toutes les femmes .... p. 180
Isaïe 60, 1-5. Debout, Jérusalem, resplendis .... p. 179
Ps. 12. Combien de temps, Seigneur .... p. 84
Ps. 21. Mon Dieu, mon Dieu,
       pourquoi m'as-tu abandonné? .... p. 84
Ps. 22. Le Seigneur est mon berger .... p. 86
Ps. 24. Vers toi, Seigneur, j'élève mon âme .... p. 86
Ps. 30. En toi, Seigneur, j'ai mon refuge .... p. 87
Ps. 33. Je bénirai le Seigneur .... p. 88
Ps. 40. Heureux qui pense au pauvre .... p. 89
Ps. 62. Dieu, tu es mon Dieu .... p. 89
Ps. 70. Seigneur, mon Dieu, tu es mon espérance .... p. 90
Ps. 76. Vers Dieu, je crie mon appel .... p. 91
Ps. 83. De quel amour sont aimées tes demeures .... p. 92
Ps. 94. Venez, crions de joie pour le Seigneur .... p. 92
Ps. 99. Acclamez le Seigneur, terre entière .... p. 93
Ps. 102. Bénis le Seigneur, ô mon âme .... p. 93
Ps. 113. Quand Israël sortit d'Egypte .... p. 15
Ps. 114. J'aime le Seigneur .... p. 94
Ps. 121. Quelle joie quand on m'a dit .... p. 12
Ps. 129. Des profondeurs je crie vers toi, Seigneur .... p. 95
Ps. 138. Tu me scrutes, Seigneur .... p. 96

Nouveau Testament

Mt 3, 1-6. "Parut Jean le Baptiste..." .... p. 39
Mt 5, 1-12. Les Béatitudes .... p. 77
Mt 11, 25. Prière de Jésus .... p. 88
Mt 25, 35-40. "J'avais faim..." .... p. 50
Mt 28, 16-20. Tous Apôtres .... p. 83
Lc 1, 26-38. L'annonciation .... p. 105
Lc 1, 39-55. La Visitation .... p. 106
Lc 1, 68-79. Béni soit le Seigneur (Benedictus) .... p. 13
Lc 15, 1-3, 11-32. Le Père des miséricordes .... p. 143
Lc 24, 1-6. Pâques : le tombeau vide .... p. 140
Lc 24, 13-25. Reconnaître le Christ .... p. 78
Jn 2, 1-11. Les noces de Cana .... p. 107-184
Jn 4, 14-15. Au puits de Sichem .... p. 39
Jn 6, 51, 53, 57. Le Pain de vie .... p. 191
Jn 17, 20-26. Jeudi Saint : la prière du Seigneur .... p. 192
Jn 19, 25-27. Marie au pied de la croix .... p. 108
Actes des Apôtres 1, 12-14.
Les Apôtres et Marie en prière .... p. 108-183
Paul, 1re aux Corinthiens 1, 26-31.
Ce qui n'est rien, voilà ce que Dieu a choisi .... p. 187

Paul, 1ʳᵉ aux Corinthiens 13, 4-14.
Hymne à la charité .... p. 80
Paul aux Philippiens 2, 5-11.
Hymne au Christ humilié et exalté .... p. 81
Paul aux Ephésiens 1, 3-6, 11-12.
Le dessein de Dieu sur nous .... p. 183
Jacques 5, 13-16. L'onction des malades .... p. 195
Première de Pierre 1, 3-9.
Appelés à la joie et à l'espérance .... p. 82
Première de Pierre 2, 5-10.
Comme des pierres vivantes .... p. 82
Apocalypse 19, 1-7. Gloire à l'Agneau de Dieu .... p. 194
Apocalypse 21, 1-7. La Jérusalem nouvelle .... p. 180

*Ne sont pas indiquées ici les citations courtes comme
par exemple celles du chemin de la croix, pages 125-140*

Table alphabétique des cantiques

Allez boire à la fontaine .... p. 242
Ave Maria de Lourdes .... p. 242
Avec toi, Bernadette .... p. 206
Béni sois-tu, Seigneur .... p. 243
C'est toi, Seigneur, le pain rompu .... p. 231
Changez vos cœurs .... p. 218
Chantez au Seigneur un cantique nouveau .... p. 206
Chez nous soyez Reine .... p. 244
Dieu est amour .... p. 231
Dieu nous accueille .... p. 206
Donne-nous ton Fils .... p. 244
Église du Seigneur .... p. 207
En marchant vers toi, Seigneur .... p. 208
En mémoire du Seigneur .... p. 232
Ensemble nous formons l'Église .... p. 210
Envoie tes messagers .... p. 211
Esprit de Pentecôte .... p. 209
Fais paraître ton jour .... p. 223
Gloire à Dieu, Paix aux hommes .... p. 209
Gloire à Dieu, Seigneur des univers .... p. 217
Gloire à toi, Marie, fille d'Israël .... p. 245
Gloire à toi, Marie, Mère du Sauveur .... p. 245
Itinéraire marial .... p. 246
J'ai vu l'eau vive .... p. 218
Je suis le pain de vie .... p. 232
Je vis la cité sainte .... p. 247
La Bonne Nouvelle est annoncée aux pauvres .... p. 230
La nuit qu'il fut livré .... p. 233
Le Pain que tu nous donnes .... p. 233
Le Seigneur a libéré son peuple .... p. 223
Le Seigneur m'a comblée de joie .... p. 247

Le Verbe s'est fait chair .... p. 235
Merveille, Dieu nous aime .... p. 234
Ne craignez pas pour votre corps .... p. 224
Nous avons vu les pas de notre Dieu .... p. 225
Nous chanterons pour toi, Seigneur .... p. 211
Nous formons un même corps .... p. 235
O Croix dressée sur le monde .... p. 219
O Mère du Seigneur .... p. 248
O Seigneur, comment reconnaître .... p. 236
O Seigneur, je viens vers toi .... p. 213
Oui, je me lèverai .... p. 220
Ouvre mes yeux, Seigneur .... p. 220
Pain des merveilles .... p. 237
Pain rompu pour un monde nouveau .... p. 237
Pain véritable .... p. 238
Peuple choisi .... p. 225
Peuple de Dieu, marche joyeux .... p. 239
Peuple de frères .... p. 214
Peuple de l'Alliance .... p. 214
Peuple de prêtres .... p. 215
Peuple où s'avance le Seigneur .... p. 216
Peuples, criez de joie .... p. 238
Préparez les chemins du Seigneur .... p. 221
Que tes œuvres sont belles .... p. 226
Qui donc a mis la table .... p. 240
Qui donc est Dieu .... p. 227
Réjouis-toi, Marie .... p. 248
Seigneur, fais de nous des ouvriers de paix .... p. 228
Seigneur Jésus, tu es vivant .... p. 228
Seigneur, rassemble-nous .... p. 216
Toi, Notre-Dame .... p. 249
Tu es la gloire de Jérusalem .... p. 249
Tu es le Dieu fidèle .... p. 241
Tu es le pauvre, Seigneur Jésus .... p. 222
Tu es notre Dieu et nous sommes ton peuple .... p. 222
Un grand champ à moissonner .... p. 229
Un seul Seigneur ; une seule foi .... p. 217
Victoire, tu règneras .... p. 230
Vierge de lumière, tu es le sourire .... p. 250
Vierge sainte, Dieu t'a choisie .... p. 250

Chants latins

Benedictus .... p. 251
Lauda Jérusalem .... p. 251
Lauda Sion .... p. 251
Magnificat .... p. 252
Regina caeli .... p. 99
Salve, Regina .... p. 99
Tantum ergo .... p. 252
Veni Creator .... p. 252

plan du sanctuaire

ENTRÉES
Saint-Michel — C6 — 1
Saint-Joseph — D4 — 2
Supérieure — C3 — 3
Des Lacets — C3 — 4
De la Forêt — B1 — 5
De la Prairie — A2 — 6
Boissarie — B5 — 7

GROTTE — B3 — 8
Fontaines — B3 — 9
Piscines — C2 — 10

VIERGE COURONNÉE — C4 — 11

FORUM-INFORMATION — C4 — 12
Centre d'animation pastorale : C.A.P. — C4 — 13
Permanences de pèlerinages — C4 — 14
Objets perdus — C4 — 14
Abri Saint-Michel — B6 — 15
Diorama, Scènes de l'Histoire de Lourdes — B6 — 15
Aire de pique-nique — B4 — 17, 16

Toilettes — B1, 5-C2, 3, 4, 6-D2
Téléphones — A2, C5, B6

SALLES DE CONFÉRENCES/ RÉUNIONS
Étages du Forum — C5 — 18
Hémicycle et salles 5, 6, 7, 8 — B4 — 19
Salle Notre-Dame — D6 — 20
Salle Mgr Laurence — C3 — 21
Salle Mgr Théas — D6 — 22
Les Rotondes — B1 — 23

ÉGLISES
Basilique Supérieure — C3 — 24
Crypte — C3 — 25
Basilique du Rosaire — C4 — 26
Chapelle de l'Esplanade — C4 — 27
Basilique Saint-Pie-X (souterraine) — C5 — 28
Église Sainte-Bernadette et salles 1, 2, 3, 4 — B3 — 29
Église Saint-Joseph — B5 — 30
Chapelle de l'Adoration — B3 — 50

CHAPELLE DES CONFESSIONS — C3 — 31

CHEMIN DE CROIX — D3 — 32

SERVICE DES MALADES
Ancien Accueil Notre-Dame — B4 — 33
Nouvel Accueil Notre-Dame — B4 — 34
Accueil malades Saint-Frai — D5 — 35
Hospitalité-Bureaux — B4 — 36
Bureau Médical — B4 — 37
Chemin de Croix des malades — B2 — 38
Pavillons-rencontres — C6 — 39
Pastorale Familiale — C4 — 40
Catéchuménat — C4 — 41
Musée Bernadette et Musée du Gemmail — D6 — 42
Librairie-Lourdes Magazine — C5 — 43
Cinéma Bernadette — D4 — 44
Cinéma de la Forêt — B1 — 45
Camp des Jeunes — D3 — 46
Cité Saint-Pierre — E3 — 47
Permanence Cité Saint-Pierre — D4 — 48
Imprimerie — C2 — 49